Road Trip Activities and Travel Games

This book belongs to:

_____

_____

for kids 8-12

CAR TRIP ACTIVITIES, WORD SCRAMBLES, WORD SEARCH, CRYPTOGRAMS, MAZES AND MORE!

Hello!

Thank you very much for buying my book. I would like to briefly describe to you who I am and where the idea for the book came from.

My name is Carl Houle, and I am a father of two children. The idea came about 5 years ago. I travel with my family, and we explore the world. I have found that our children are bored with traveling and are looking for some kind of entertainment. Nowadays, smartphones and other electronic devices are used all the time. So for our next trip, I wanted to create something special for them. Something to take their minds off the constant gaming and staring at their phone screens. I wanted every trip to be a wonderful experience for them. Seeing them put down their phones and take an interest in this book filled me with incredible joy.

Thank you for purchasing this book, I hope your trip goes great and the tasks and trivia in this book stay with you for a long time.

All opinions are very important to me and I would very much appreciate your leaving feedback. Of, course if you have time.

Have a nice trip!

The book is educational and developmental and is intended for kids ages 8 to 12, but that doesn't mean younger or older children can't use it! It contains tasks that develop and educate the kid in a fun way. All the tasks have been created so that children in this age range can solve them. Each task is a new adventure that your child will want to explore. The book consists of 5 different exercises. Each one, before the assigned tasks, has a detailed step-by-step explanation of how to solve a particular puzzle or play a particular game.

The book includes exercises such as:

- **Word Scrambles (25 puzzles)**, each page contains 12 puzzles. At the top of the page is the topic that the puzzle is about.

- **Cryptogram (29 puzzles)**, the answer to each task is an interesting fact from the world that you might not have known about!

- **Mazes (25 mazes)**, each maze contains a different story and adventure. Your kids will have to strain his mind to find the way of our hero.

- **Word Search (27 puzzles)**, each page contains up to 10 words to find and circle. Each word has been hidden in the letters.

- **X's and 0's (20 pages)**, each page contains 7 game boards, making 140 game boards in the entire book.

All tasks have solutions at the end of the book.

Table of Contents

How to Play:

<u>TIPS: Use a pencil, so you can easily erase mistakes.</u>

Try to figure out what words are hidden under the letters. All the letters used in the sequence must be used. At the top of each page you will find a hint about the topic of the puzzle. Some letters are already written.

Remember also that you can always ask the people you are travelling with if they know the answer to this puzzle! The solutions for all puzzles are at the end of this book.

We hope you have fun completing these :)

Examples

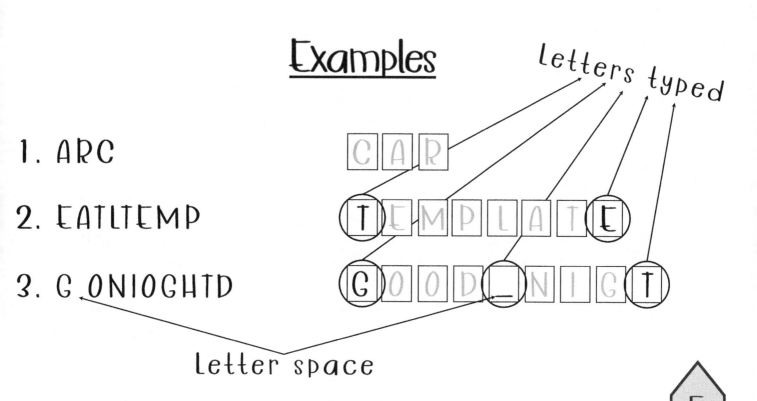

1. ARC

2. EATLTEMP

3. G ONIOGHTD

1. IDEWWLRLOF   W □ □ □ f □ □ □ □ R

2. TIHLETS   T □ □ □ □ □ E

3. RWOEFL   f □ □ □ □ R

4. EBRH   H □ □ □

5. PUTIL   T □ □ □ □

6. WEDE   W □ □ □

7. NFRE   f □ □ □

8. ERED   R □ □ □

9. OABMBO   B □ □ □ □ O

10. YIV   □ □ □

11. RWOELFUNS   S □ □ □ □ □ □ R

12. IYLL   L □ □ □

Countries

1. USIAATR

A ☐ ☐ ☐ ☐ A

2. JAAPN

J ☐ ☐ ☐

3. PNDLOA

P ☐ ☐ ☐ ☐ D

4. UGIBMEL

B ☐ ☐ ☐ ☐ M

5. NICAH

C ☐ ☐ ☐

6. GTYEP

E ☐ ☐ ☐

7. FLDANIN

F ☐ ☐ ☐ ☐ ☐ D

8. AACDAN

C ☐ ☐ ☐ A

9. NRMEAGY

G ☐ ☐ ☐ ☐ Y

10. OEXMCI

M ☐ ☐ ☐ O

11. IRAZBL

B ☐ ☐ ☐ L

12. IAIND

I ☐ ☐ ☐

7

Insects

1. APDHI

`A` `☐` `☐` `☐`

2. EEB

`☐` `☐` `☐`

3. BLADYGU

`L` `☐` `☐` `☐` `☐` `G`

4. LUEBBEBEM

`B` `☐` `☐` `☐` `☐` `☐` `☐` `E`

5. YLF

`☐` `☐` `☐`

6. CCRKHOCAO

`C` `☐` `☐` `☐` `☐` `☐` `H`

7. GYNFRODAL

`D` `☐` `☐` `☐` `☐` `☐` `Y`

8. RIAAELPTCLR

`C` `☐` `☐` `☐` `P` `☐` `☐` `☐` `R`

9. ARLAV

`L` `☐` `☐` `☐` `☐`

10. PSAPREGROSH

`G` `☐` `☐` `☐` `H` `☐` `☐` `☐` `R`

11. EEEBLT

`B` `☐` `☐` `☐` `E`

12. FLEA

`F` `☐` `☐` `☐`

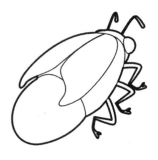

8

Winter

1. NOLSAFLW   `S` `_` `_` `_` `_` `_` `L`

2. GSLEDE   `S` `_` `_` `_` `E`

3. RNWETI   `W` `_` `_` `_` `R`

4. NWDI   `W` `_` `_`

5. OLOIG   `I` `_` `_` `_`

6. OLDCU   `C` `_` `_` `_`

7. ZFEEER   `f` `_` `_` `_` `_` `E`

8. CLOD   `C` `_` `_`

9. SORTM   `S` `_` `_` `_`

10. IIKNSG   `S` `_` `_` `_` `G`

11. YHKOE   `H` `_` `_` `_`

12. AMNOWSN   `S` `_` `_` `_` `_` `N`

Animals

1. TIRGE

T □ □ □ □

2. OTGA

G □ □ □

3. SHEEP

S □ □ □ □

4. NCHEKIC

C □ □ □ □ N

5. HERSO

H □ □ □ □

6. SOEMU

M □ □ □ □

7. ONRRHOSCEI

R □ □ □ □ C □ □ S

8. BABRIT

R □ □ □ T

9. ENPHEALT

E □ □ □ □ □ □ T

10. ERCOLIDCO

C □ □ □ □ □ □ E

11. FGFIEAR

G □ □ □ □ E

12. IONL

L □ □ □

10

Birds

1. LBSAOTSAR

A ☐ ☐ ☐ ☐ ☐ S

2. NIHGLENTAGI

N ☐ ☐ ☐ I ☐ ☐ ☐ E

3. ILDCBKRBA

B ☐ ☐ ☐ ☐ ☐ ☐ D

4. NAYACR

C ☐ ☐ ☐ Y

5. COWR

C ☐ ☐

6. OUKCCO

C ☐ ☐ ☐ O

7. ORSKT

S ☐ ☐ ☐

8. EGIPON

P ☐ ☐ ☐ N

9. DCUK

D ☐ ☐

10. LGAEE

E ☐ ☐ ☐

11. FOANCL

F ☐ ☐ ☐ N

12. AMOLFGNI

F ☐ ☐ ☐ ☐ ☐ O

Music

1. OURCYNT — C ☐ ☐ ☐ ☐ y

2. LNEETCICOR — E ☐ ☐ ☐ R ☐ ☐ C

3. KNUF — f ☐ ☐ ☐

4. IPPHO H — H ☐ ☐ ☐ ☐ H

5. ZAJZ — J ☐ ☐ ☐

6. TLNAI — L ☐ ☐ ☐ ☐

7. OPP — ☐ ☐ ☐

8. PNUK — P ☐ ☐ ☐

9. RGAEEG — R ☐ ☐ ☐ ☐ E

10. CORK — R ☐ ☐ ☐

11. OLSU — S ☐ ☐ ☐

12. OAKLP — P ☐ ☐ ☐ ☐

12

Astronomy

1. STGAOOYRL   A [ ][ ][ ][ ][ ][ ] Y

2. OBESRYAROTV   O [ ][ ][ ] V [ ][ ][ ] Y

3. OOYMLOGCS   C [ ][ ][ ][ ][ ] Y

4. ORETARSOMN   A [ ][ ] N [ ][ ] R

5. OESLCTPEE   T [ ][ ][ ][ ][ ] E

6. VENPUSOAR   S [ ][ ][ ][ ][ ] A

7. SOSOMC   C [ ][ ] S

8. LWIAMY KY   M [ ][ ][ ][ ] Y

9. CEALL BKHO   B [ ][ ][ ] _ [ ][ ] H

10. YAGXLA   G [ ][ ] Y

11. NLPSTEA   P [ ][ ][ ] S

12. MNOO   M [ ][ ]

food

1. SADLA

　　S ☐ ☐ ☐ ☐

2. DHSIANWC

　　S ☐ ☐ ☐ ☐ ☐ H

3. ADRBE

　　B ☐ ☐ ☐ ☐

4. AEKST

　　S ☐ ☐ ☐ ☐

5. AETSUAN KT

　　T ☐ ☐ ☐ ☐ S ☐ ☐ ☐ K

6. SPHIMR

　　S ☐ ☐ ☐ ☐ P

7. ERCI

　　R ☐ ☐ ☐

8. GPETSIHTA

　　S ☐ ☐ ☐ ☐ ☐ ☐ ☐ I

9. IPZAZ

　　P ☐ ☐ ☐ ☐

10. BMRGRAHEU

　　H ☐ ☐ ☐ ☐ ☐ ☐ R

11. SCEEHE

　　C ☐ ☐ ☐ E ☐

12. SSASEAUG

　　S ☐ ☐ ☐ ☐ ☐ S

Sport

1. RCRAYHE — `A` `‎` `‎` `‎` `‎` `y`

2. RNACIG — `R` `‎` `‎` `‎` `G`

3. NGGJIGO — `J` `‎` `‎` `‎` `‎` `G`

4. ITSLTECAH — `A` `‎` `‎` `‎` `‎` `‎` `‎` `S`

5. XOGIBN — `B` `‎` `‎` `‎` `G`

6. CNEOA — `C` `‎` `‎` `‎`

7. LBIICNGM — `C` `‎` `‎` `‎` `‎` `‎` `G`

8. NCLYICG — `C` `‎` `‎` `‎` `‎` `G`

9. SDRAT — `D` `‎` `‎` `‎`

10. NIENCFG — `f` `‎` `‎` `‎` `‎` `G`

11. SGNKTAI — `S` `‎` `‎` `‎` `‎` `G`

12. AKEART — `K` `‎` `‎` `‎` `E`

Dog breeds

1. BAEELG   B ☐ ☐ ☐ E

2. AATKI   A ☐ ☐ ☐

3. BOREX   B ☐ ☐ ☐

4. OYCRC   C ☐ ☐ ☐

5. HWWHC COO   C ☐ ☐ ☐ ☐ ☐ W

6. IUHSZH T   S ☐ ☐ ☐ ☐ U

7. UGP   ☐ ☐ ☐

8. SIHKU   K ☐ ☐ ☐

9. ALRBDRAO   L ☐ ☐ ☐ ☐ ☐ R

10. MFLALFTSUBI   B ☐ ☐ ☐ A ☐ ☐ ☐ f

11. OEPRTIN   P ☐ ☐ ☐ ☐ R

12. ITHWEPP   W ☐ ☐ ☐ ☐ T

16

fish

1. CAPR — C ☐ ☐ ☐

2. IDHGFOLS — G ☐ ☐ ☐ ☐ ☐ H

3. HUTIABL — H ☐ ☐ ☐ ☐ T

4. RCPHE — P ☐ ☐ ☐ ☐

5. KEIP — P ☐ ☐ ☐

6. CALEPI — P ☐ ☐ ☐ E

7. YRA — ☐ ☐ ☐

8. NLOSMA — S ☐ ☐ ☐ N

9. FSISAHW — S ☐ ☐ ☐ ☐ H

10. LACSOPL — S ☐ ☐ ☐ ☐ P

11. HAKRS — S ☐ ☐ ☐

12. ROUTT — T ☐ ☐ ☐ ☐

Mammals

1. NTPAOLEE   A ☐ ☐ ☐ ☐ ☐ E

2. OMARMT   M ☐ ☐ ☐ T

3. RDBEGA   B ☐ ☐ ☐ R

4. LWEHA   W ☐ ☐ ☐

5. EVERBA   B ☐ ☐ ☐ R

6. LACEM   C ☐ ☐ ☐

7. NRDERIEE   R ☐ ☐ ☐ ☐ R

8. ASHDDHUCN   D ☐ ☐ ☐ ☐ ☐ D

9. OPNDHLI   D ☐ ☐ ☐ ☐ N

10. RBEZA   Z ☐ ☐ ☐

11. SHLTO   S ☐ ☐ ☐

12. PNDAA   P ☐ ☐ ☐

Weather

1. OWUDOPRN — D _ _ _ _ _ R

2. NSUNY — S _ _ _ _

3. INAR — R _ _ _

4. RELAC — C _ _ _ _

5. EINF — f _ _ _

6. DLYOCU — C _ _ _ _ y

7. ROSVCTAE — O _ _ _ _ _ _ T

8. LOFOD — f _ _ _ _

9. NDWYI — W _ _ _ _

10. LAGE — G _ _ _

11. APDM — D _ _ _

12. IEZZRDL — D _ _ _ _ _ E

Vehicles

1. TRNAI

`T` `□` `□` `□` `□`

2. LEANMBUAC

`A` `□` `□` `□` `□` `□` `□` `E`

3. RDUEOLZBL

`B` `□` `□` `□` `□` `□` `R`

4. ITPOEELCRH

`H` `□` `□` `□` `O` `□` `□` `R`

5. MLORECCTYO

`M` `□` `□` `□` `C` `□` `□` `E`

6. COE PRICLA

`P` `□` `□` `□` `E` `□` `□` `R`

7. TXIA

`T` `□` `□` `□`

8. PREALIAN

`A` `□` `□` `□` `□` `□` `E`

9. ROTRTAC

`T` `□` `□` `□` `□` `R`

10. OTBA

`B` `□` `□` `□`

11. KUTRC

`T` `□` `□` `□` `□`

12. POEDM

`M` `□` `□` `□` `□`

Hobby

1. LONBIGGG — B _ _ _ _ _ G

2. IDANCGN — D _ _ _ _ G

3. GIGINNS — S _ _ _ _ G

4. GOIPPSNH — S _ _ _ _ _ G

5. VNATGRLIE — T _ _ _ _ _ _ G

6. NRWAIDG — D _ _ _ _ G

7. TPGIINAN — P _ _ _ _ _ G

8. OGOKCNI — C _ _ _ _ G

9. NEWISG — S _ _ _ G

10. KGNNTTII — K _ _ _ _ _ G

11. IGHFSIN — f _ _ _ G

12. GTHYOHAPRPO — P _ _ _ G _ _ _ y

Cat breeds

1. BNLEAG   B _ _ _ L _

2. ESEIAMS   S _ _ _ _ E _

3. ONEAO NCMI   M _ _ _ _ _ _ _ N

4. RAISPNE   P _ _ _ _ N _

5. GLDRLAO   R _ _ _ _ L _

6. XHNSYP   S _ _ _ _ X

7. OE RDXNEV   D _ _ _ _ _ _ X

8. NAMBRI   B _ _ _ N _

9. OEIGMG   M _ _ _ _ E

10. AKTOR   K _ _ _ _

11. XMAN   M _ _ _

12. EUBSMRE   B _ _ _ _ E

School

1. DUOEIANCT `E` `_` `_` `_` `_` `_` `_` `N`

2. COLLEGE `C` `_` `_` `_` `_` `E`

3. IYSEIUTVRN `U` `_` `_` `_` `R` `_` `_` `y`

4. HEEACRT `T` `_` `_` `_` `_` `R`

5. COLSMROAS `C` `_` `_` `_` `_` `_` `_` `M`

6. TDSENUT `S` `_` `_` `_` `_` `T`

7. UACDETE `E` `_` `_` `_` `_` `E`

8. LSASESC `C` `_` `_` `_` `_` `S`

9. EOROPLHSC `P` `_` `_` `_` `_` `_` `_` `L`

10. MYELRNEETA `E` `_` `_` `_` `N` `_` `_` `y`

11. CYMULE `L` `_` `_` `_` `M`

12. ISLPPU `P` `_` `_` `_` `S`

23

Drinks

1. WIEN — `W` `☐` `☐` `☐`

2. EFECFO — `C` `☐` `☐` `☐` `E`

3. MILK — `M` `☐` `☐` `☐`

4. E RCUTJFIUI — `F` `☐` `☐` `☐` `☐` `_` `☐` `☐` `☐` `E`

5. ETWRA — `W` `☐` `☐` `☐` `☐`

6. UEIJC — `J` `☐` `☐` `☐` `☐`

7. LOENDEAM — `L` `☐` `☐` `☐` `☐` `☐` `E`

8. OMTHSEOI — `S` `☐` `☐` `☐` `☐` `☐` `E`

9. ZIFZY — `F` `☐` `☐` `☐` `☐`

10. LSKEAHIMK — `M` `☐` `☐` `☐` `☐` `☐` `E`

11. HTCEAOOCL — `C` `☐` `☐` `☐` `☐` `☐` `E`

12. PAOCPUCICN  `C` `☐` `☐` `☐` `☐` `C` `☐` `☐` `O`

24

Summer

1. UMMSIREMTE

S ☐ ☐ ☐ ☐ R ☐ ☐ E

2. JUNE

J ☐ ☐ ☐

3. HABCE

B ☐ ☐ ☐ ☐

4. ATHE

H ☐ ☐ ☐

5. ADNS

S ☐ ☐ ☐

6. ASVWE

W ☐ ☐ ☐ ☐

7. ESA

☐ ☐ ☐

8. RSTE

R ☐ ☐ ☐

9. IUTNASHNBG

S ☐ ☐ ☐ ☐ T ☐ ☐ G

10. MIIWSNGM

S ☐ ☐ ☐ ☐ ☐ G

11. RISPT

T ☐ ☐ ☐

12. EEIFMRET

f ☐ ☐ ☐ ☐ ☐ ☐ E

Computer

1. ACNMEHI

`M` `_` `_` `_` `_` `E`

2. ATCLUCORAL

`C` `_` `_` `_` `L` `_` `_` `R`

3. RMRAREOMGP

`P` `_` `_` `_` `A` `_` `_` `R`

4. RRDAEWHA

`H` `_` `_` `_` `_` `E`

5. LPPTOA

`L` `_` `_` `P` `_`

6. RETLNIESOCC

`E` `_` `_` `_` `R` `_` `_` `_` `S`

7. ENRTINTE

`I` `_` `_` `_` `_` `_` `T`

8. IAOFTIONNMR

`I` `_` `_` `_` `M` `_` `_` `_` `N`

9. FTEOSRAW

`S` `_` `_` `_` `_` `E`

10. YEAOBDRK

`K` `_` `_` `_` `_` `_` `D`

11. ETPODKS

`D` `_` `_` `_` `_` `P`

12. MTONROI

`M` `_` `_` `_` `_` `R`

26

World

1. RAHET — E ☐ ☐ ☐

2. DEWIORLWD — W ☐ ☐ ☐ ☐ ☐ ☐ E

3. LOGABL — G ☐ ☐ ☐ L ☐

4. RNEIESVU — U ☐ ☐ ☐ ☐ ☐ E

5. BLOEG — G ☐ ☐ ☐

6. PTLNEA — P ☐ ☐ ☐ T

7. NAKNIMD — M ☐ ☐ ☐ ☐ D

8. UNETRA — N ☐ ☐ ☐ E

9. UHANM — H ☐ ☐ ☐

10. GENOIR — R ☐ ☐ ☐ N

11. RTCELUU — C ☐ ☐ ☐ ☐ E

12. ANHRTEMSA — E ☐ ☐ ☐ ☐ ☐ ☐ N

Cinema

1. HEETRAT

`T` `_` `_` `_` `_` `R`

2. MIOVE

`M` `_` `_` `_`

3. FIGMLNAMKI

`f` `_` `_` `_` `A` `_` `_` `G`

4. CEATMIICN

`C` `_` `_` `_` `_` `_` `_` `C`

5. NUPORCSTIOD

`P` `_` `_` `_` `C` `_` `_` `_` `S`

6. TDSIOU

`S` `_` `_` `_` `O`

7. OIDVE

`V` `_` `_` `_`

8. UDKOTNCARS

`S` `_` `_` `_` `T` `_` `_` `K`

9. OOPNPRC

`P` `_` `_` `_` `_` `N`

10. SOHW

`S` `_` `_`

11. LFGIIMN

`f` `_` `_` `_` `_` `G`

12. TMINONAIA

`A` `_` `_` `_` `_` `_` `_` `N`

Home

1. HOEUS — H ☐ ☐ ☐

2. MYFLAI — f ☐ ☐ ☐ y

3. OHADSMETE — H ☐ ☐ ☐ ☐ ☐ ☐ D

4. EPTRMTNAA — A ☐ ☐ ☐ ☐ ☐ ☐ T

5. CTNIKEH — K ☐ ☐ ☐ N

6. DMROBOE — B ☐ ☐ ☐ M

7. HAROBMTO — B ☐ ☐ ☐ ☐ M

8. LIUIGBDN — B ☐ ☐ ☐ ☐ G

9. NOTOMEHW — H ☐ ☐ ☐ ☐ N

10. CYTI — C ☐ ☐ ☐

11. CANOLOIT — L ☐ ☐ ☐ ☐ N

12. RGGEAA — G ☐ ☐ ☐ E

29

Clothes

1. DRSES

D □ □ □ □

2. MTGEARN

G □ □ □ □ □ T

3. SRTIH

S □ □ □ □

4. TKCEJA

J □ □ □ □ T

5. OTAC

C □ □ □

6. DERESDUSNR

U □ □ □ □ D □ □ S

7. EOIHDO

H □ □ □ E

8. URSETSOR

T □ □ □ □ □ S

9. OHSES

S □ □ □ □

10. WAERETS

S □ □ □ □ R

11. DHNRUTIERS

U □ □ □ S □ □ T

12. ELGVO

G □ □ □ □

30

How to Play:

TIPS: Use a pencil, so you can easily erase mistakes.

Try to decipher the sentences hidden behind the cipher characters. The solution to each puzzle is an interesting fact about the world you might not have known. Each letter corresponds to a different letter (K=S means that if there is the letter K at the bottom, it is replaced by the letter S, which is written in the right place). Punctuation marks and numbers are spelled correctly, just rewrite them. Share the solutions and see who among the travelers knew about these interesting facts.

The solutions for all puzzles are at the end of this book. We hope you have fun completing these :)

Examples

Encrypted letters

Punctuation marks and numbers

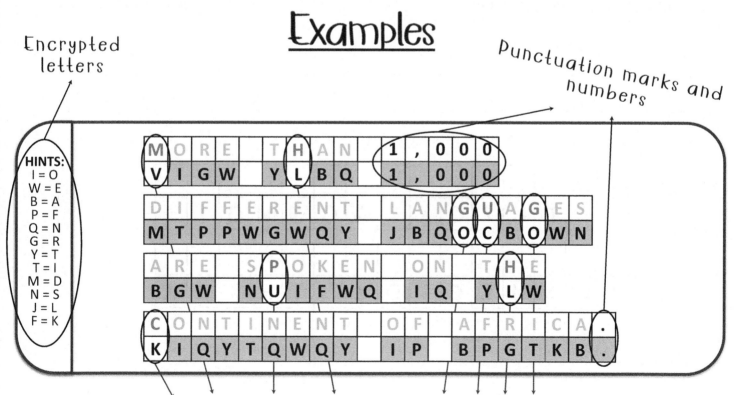

All letters on the gray background are given in the side frame "HINTS" after entering them there are a few letters left which we have to decipher by ourselves!

Cryptogram

1.

B	U	M	D	B	K		P	M	K		2	7		A	X	X	D	K

HINTS:
K = S
A = M
X = O
B = N
D = U
M = A

2.

HINTS:
A = R
M = E
D = S
S = A
R = H
W = T

M	S	A	W	R	I	F	A	K	D		R	S	B	M		5

R	M	S	A	W	D

3.

Q		E	H	Z	Q	K		W	O	W	M	Q	J	J

L	W	X	U	E	C		Q	K		T	H	K	P	W

HINTS:
M = B
H = U
W = E
Q = A
J = L
E = H
L = W
T = O
K = N
C = S

32

Cryptogram

4.

| L | G | Y | | G | Z | Q | Z | R | R | Z | D | | Z | X | B | G | Z | M | Y | L |

| V | D | X | I | | G | Z | U | | 1 | 2 | | X | Y | L | L | Y | O | U |

5.

| L | | U | K | M | | Y | L | Z | | B | K | G | O |

| U | K | N | E | L | O | H | N | S | C | H | Z | | J | C | | J | H | Z |

| Z | H | K | N | L | U | Y |

6.

| F | N | P | | G | O | V | S | P | | Z | P | F | Y | P | P | I |

| A | T | L | C | | P | A | P | Z | C | T | Y | G | | Q | G |

| S | V | U | U | P | M | | F | N | P | | X | U | V | Z | P | U | U | V |

33

Cryptogram

7.

| A | F | T | | K | G | V | E | T | | U | Z | G |

| X | T | W | N | T | M | G | P | | P | U | V | E | - | O | U | C | | N | J |

| 2 | 2 | 0 | | I | G | K | W | J |

HINTS:
V = N
G = A
E = G
U = O
T = E
W = D
J = S
X = M
I = Y
N = I
O = B

8.

| W | H | | H | B | V | T | K |

| B | I | I | O | E | Z | W | C | B | H | T | G | J | | 1 | 2 |

| J | T | B | O | K | | L | E | O | | S | X | I | W | H | T | O | | H | E |

| E | O | A | W | H | | H | P | T | | K | X | U |

HINTS:
W = I
H = T
O = R
B = A
I = P
K = S
X = U
J = Y
E = O
T = E
G = L

9.

| Y | P | O | | I | V | H | R | Y | | N | K | T | V | X | | V | N |

| Y | P | O | | E | H | B | I | O | N | Y | | H | R | V | A | H | E |

| Z | V | Y | P | Q | T | Y | | H | | J | H | W | C | J | Q | R | O |

HINTS:
K = Q
P = H
H = A
Y = T
R = N
V = I
N = S
E = L
J = B
T = U
Q = O

34

Cryptogram

10.

G D · W N Z W D G W , · D L Y Y G D U

J L F M · I P W Y · H P W D R · " D L "

W D Y · R I W T G D U · J L F M · I P W Y

H P W D R · " J P R " .

HINTS:
D = N
W = A
P = E
R = S
J = Y
L = O
G = I
I = H
N = L

11.

N L I · Z F I C Z X I · I Z C · X C R V U

0 . 0 1 · Y G M L I U · Y G · H I G X N L

I F I C J · J I Z C

HINTS:
I = E
X = G
C = R
G = N
J = Y
L = H
F = V
U = S

12.

V Q C · U V J V C · W M · J O J U L J

Q J U · J O A W U V · V N H P C · J U

A J D G · P J Z H K W X · J U

S C W S O C

HINTS:
C = E
O = L
J = A
W = O
V = T
H = I
P = C
Z = R
K = B
A = M

35

Cryptogram

13.

| U | E | Z | | X | K | I | B | Z | A | Z | V | U | | G | C | | I |

| T | G | V | L | Z | O | ' | Y | | Z | O | Z | Y | | M | V |

| M | U | ' | Y | ' | | E | Z | I | T | Y | | Z | V | I | P | K | Z | Y |

| M | U | | U | G | | Y | Z | Z | | I | K | K | | C | G | N | D |

| C | Z | Z | U | | I | U | | I | K | K | | U | M | A | Z | Y | ! |

14.

| J | | I | U | B | Y | C | W | X | I | C | G | | U | C | I | Y | | B | G |

| L | J | E | X | | C | D | | W | C | L | T | J | W | Z | X | E |

| U | J | B | I | . |

36

15.

HINTS:
F = C
O = A
G = E
V = S
K = M
Q = U
W = I

O FOR BOV 32 KQVFJGV

WE GOFB GOH.

16.

HINTS:
I = H
O = I
D = N
K = G
W = S
T = R
Y = E
R = C
S = N
Q = F

R I O E P T Y D   K T L S   Q X W A Y T

O D   A I Y   W H T O D K A O U Y .

17.

HINTS:
G = T
P = O
R = U
F = A
T = B
U = N
I = L
E = H
O = M
Z = E
B = W

D P R ' L Z   T P L U   B W G E   3 0 0

T P U Z N ,   T R G   T D   G E Z   G W O Z

D P R   T Z S P O Z   F U   F K R I G ,

D P R   P U I D   E F Y Z   2 0 6 .

37

Cryptogram

18.

A	W	P		G	D	P	X	G	O	P		Q	P	X	Z	S	T		

J	G	F	F	Z		G	Z	F	P	P	Q		R	T		Z	P	D	P	T

I	R	T	B	A	P	Z	.

HINTS:
F = L
A = T
P = E
G = A
T = N
Z = S
D = V
R = I
X = R
I = M

HINTS:
O = E
H = S
L = H
D = O
M = U
T = L
G = N
Q = V
N = F

19.

H	T	M	I	H		L	R	Q	O		N	D	M	F

G	D	H	O	H	.

20.

M	Q	K		L	I	M		I	O	K	F		M	Q	K

S	K	M	M	K	F		"	G	"		G	W		P	D	S	S	K	L

D		M	G	M	M	S	K	.

HINTS:
S = L
M = T
L = D
K = E
I = O
F = R
P = C

38

Cryptogram

HINTS:
E = S
F = I
H = N
A = T
I = A
N = K
L = R
O = E
Y = D
X = P
M = B

21.

| A | L | F | E | N | I | F | Y | O | N | I | X | P | B | M | F | I |

| J | O | I | H | E | | D | O | I | L | | B | D | | A | P | O |

| H | Q | J | M | O | L | | 1 | 3 | . |

22.

| G | O | U | H | U | | X | H | U | | 4 | 5 | | F | V | M | U | K |

| S | J | | A | U | H | E | U | K | | V | A | | G | O | U |

| K | W | V | A | | S | J | | X | | O | C | F | X | A |

| N | U | V | A | P | . |

HINTS:
K = S
A = N
U = E
V = I
G = T
K = S
F = M
A = N
N = B
C = U
W = K
E = V

HINTS:
C = I
P = A
H = F
I = K
L = E
J = D
T = U
K = R
Q = J
R = S
X = B
W = N
Y = P

23.

| H | G | C | L | R | | Q | T | D | Y | | X | P | V | I | E | P | K | J | R |

| J | T | K | C | W | F | | S | P | I | L | B | H | H | . |

Cryptogram

24.

| Y | | T C U V | | F Y E | | L D S | | Y |

| B P E E V U | | 3 0 0 | | W V V B | | (9 1 |

| T) | | U C E S | | D E | | G P H B | | C E V |

| E D S O B . |

HINTS:
C = O
B = T
V = E
S = G
E = N
T = M
L = D
D = I
P = U
G = J
U = L

25.

| J | | K J O | | R U I U | | Q O U |

| V W Q U E I H U | | O F |

| Y I O I H L Q C I | | Q S | | J | | U G J K I |

| Q U | | O F F | | U L J B B | | O F |

| U Z R I I P I | | O W H F R A W . |

HINTS:
Z = Q
F = O
Q = I
I = E
U = S
W = H
K = C
B = L
L = M
V = W
H = R
G = P
K = C
R = U
Y = D
H = R

Cryptogram

26.

| G | Y | G | Z | R | C | M | A | F | | T | M | Y | J | | F | Y | G | G | Z |

| L | T | D | | A | U | T | | R | T | V | D | F | | G | C | X | R |

| E | C | J | . |

HINTS:
C = A
D = R
G = E
Y = L
J = Y
Z = P
T = O
A = T
F = S
R = H

27.

| J | U | A | E | Z | Y | S | G | | P | V | S | | A | U | U | L | | Y | S |

| J | Y | C | C | X | D | X | S | R | | J | Y | D | X | P | R | Y | U | S | G |

| F | Y | R | Z | | X | V | P | Z | | X | Q | X | . | | R | Z | X | Q |

| P | V | S | | G | A | X | X | E | | F | Y | R | Z | | U | S | X |

| X | Q | X | | U | E | X | S | . |

HINTS:
P = C
R = T
X = E
U = O
G = S
Y = I
J = D
Z = H
A = L
S = N
C = F

41

Cryptogram

28.

| P | I | W | C | L | U | | I | U | S | | C | | O | H | O | C | Z |

| H | M | | 7 | 2 | | Y | Q | M | M | S | B | S | L | O |

| W | I | U | T | Z | S | U | | Q | L | | U | F | S | S | T | P | . |

HINTS:
M = F
U = S
S = E
P = H
L = N
O = T
W = M
I = U
Z = L
Q = I
H = O
F = P

29.

| B | O | U | | H | I | U | X | H | V | U | | S | U | H | E |

| R | U | Z | L | C | S | | P | C | S | S | | E | X | H | P | | H |

| S | C | Z | U | | 3 | 5 | | F | C | S | U | T | | S | G | Z | V |

| G | X | | P | X | C | B | U |

| H | R | R | X | G | N | C | F | H | B | U | S | A | | 5 | 0 | , | 0 | 0 | 0 |

| U | Z | V | S | C | T | O | | P | G | X | E | T | . |

HINTS:
S = L
U = E
G = O
C = I
X = R
E = D
R = P
T = S
V = G
Z = N
B = T
N = X
P = W
F = M

42

Maze

How to Play:

<u>TIPS:</u> Use a pencil, so you can easily erase mistakes.

The objective of these games is to search for an exit from the maze. The maze has only one exit, correct.

The solutions for all puzzles are at the end of this book.

We hope you have fun completing these :)

<u>Examples</u>

Maze

Can you help the family find their way?

Maze

Can you help Sami find her car?

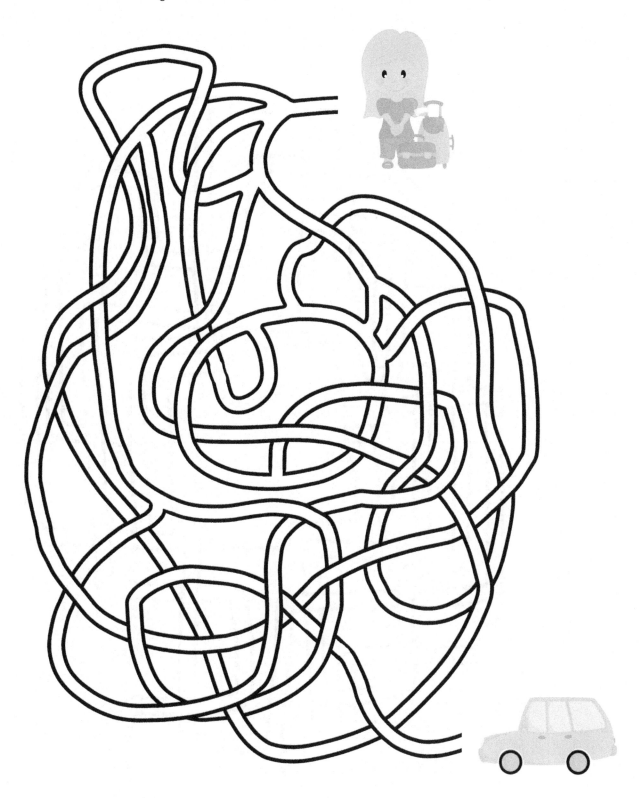

Maze

Can you help Tommy find her passport?

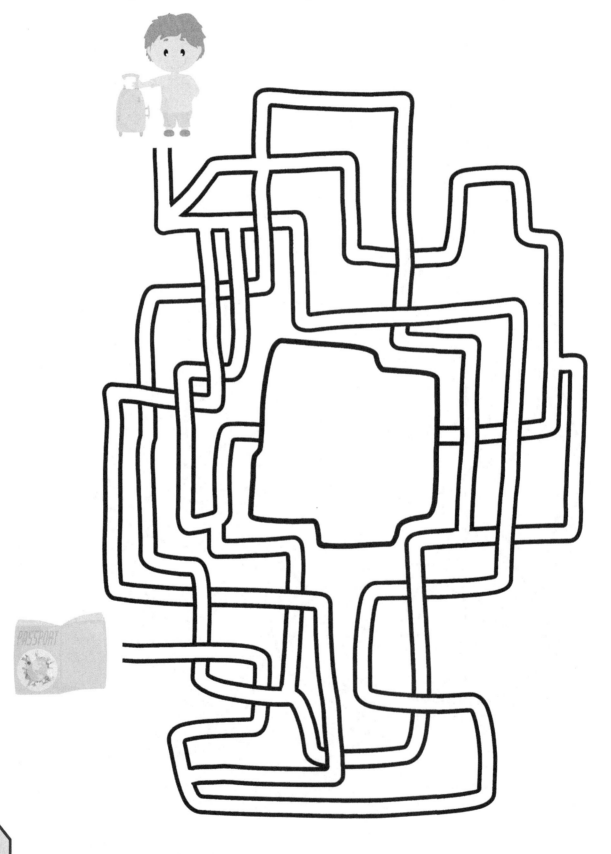

Maze

Can you help Mary find the snake?

Maze

Can you help Pharaoh find his chariot?

Maze

Can you help the Martian find his flying saucer?

Maze

Can you help the astronaut find his laser gun?

Maze

Can you help the astronaut find her rocket?

Maze

Can you help Susan get back to her cottage?

Maze

Can you help Jake find the pyramid?

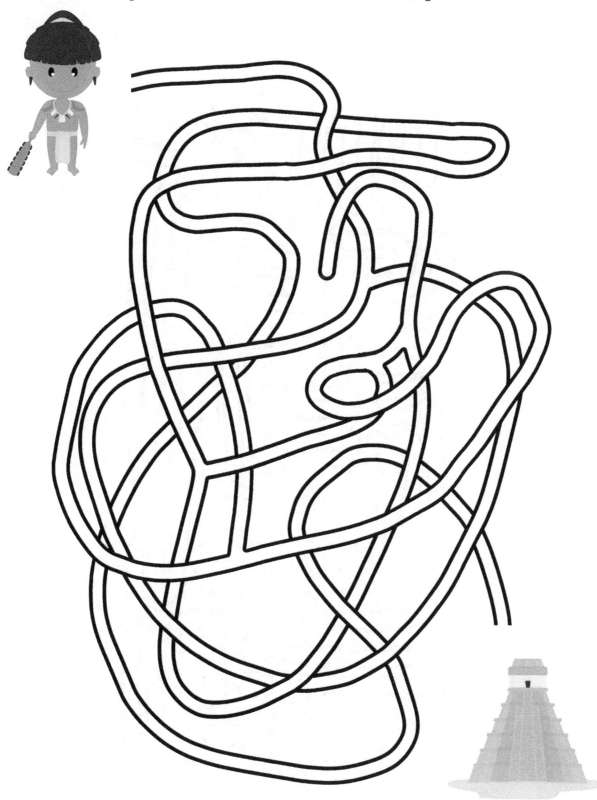

Maze

Can you help Connor find his tent?

Maze

Can you help Sophia find her maps?

Maze

Can you help Harry find his teammate?

Maze

Can you help the cowboy find his horse?

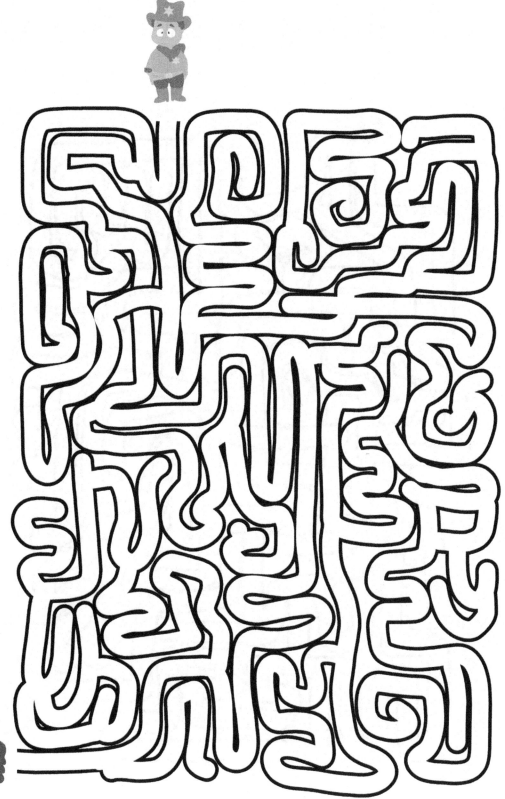

Can you help the Indian find his totem?

Maze

Can you help the knight find his horse?

Maze

Can you help the Indian find his totem?

Maze

Can you help the knight find his horse?

Maze

Can you help the bear find a treat basket?

Maze

Can you help James catch a fish?

Maze

Can you help the bear find a treat basket?

Maze

Can you help James catch a fish?

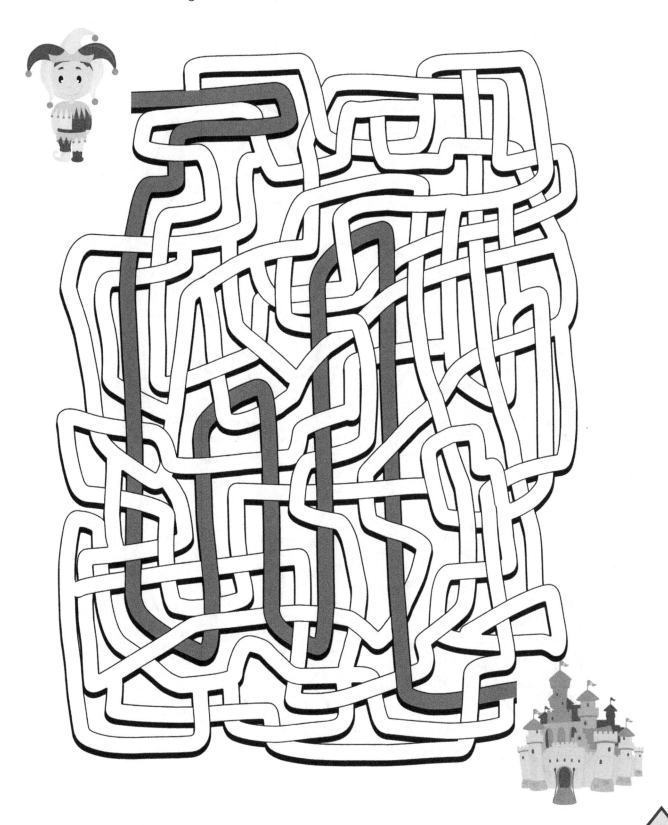

Can you help the wizard find the scrolls?

Maze

Can you help cowboy catch buffalo?

Maze

Can you help William to find the sinking girl?

Word Search

How to Play:

TIPS: Use a pencil so you can easily erase mistakes.

The object of this game is to find and circle the words under the letter box. . The words to search for are at the bottom of each puzzle. Some letters may be used multiple times.

The solutions for all puzzles are at the end of this book.

We hope you have fun completing these :)

The letters can be arranged in any direction.

Examples

```
F I L L E T Y N N I F R O E S
H A K A D E M D P P F Y S N E
M S E R U T L U C I C S I P A
B K I L Z G D A F U J V E E F
P S F F I K G M T E S Q Z M O
J G K B L V S V E Y G W R F O
P J J M Q E P Z V U H Q U W D
N B O B Y M W J T T A B Z T T
L W A A O Y E E O A X P B Q M
H F G P K L Y Z J F Q C Y S N
D E Z W V M E M S G O H S W G
M U P O P Q J H T J T Y A C W
C T X K W A S A Z B M G K L B
R X L I N K N G Q T T X F F F
N C R F D U Y B O Z V Y T R N
```

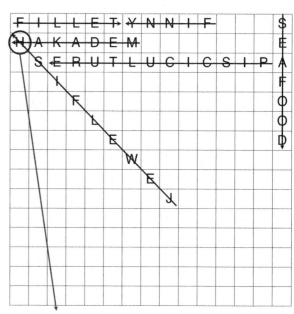

Letter used twice

FILLET   FINNY

MEDAKA   PISCICULTURE

SEAFOOD   JEWELFISH

Word Search

Can you find all the hidden words?

```
A K C A B C R I S T I N A M V
E L D E R E K M N V U P F E P
W I E D A C K K A E Y A V R O
B A Z X G V B N H R C N R E V
T P I Z I V V C J W K K G D Y
R W C S I E A T J F W F X I V
S S O G T L K N E R Z P E T V
Y S O G E L L K W U J C C H R
P U P X M F Z G N N P H K W T
V O C G S J I M Z D L K N X T
H R C N X I G M H H T L I M Q
Z U I E W V T H E Z E N V A D
M U G Q J O T G Y C Q K P H M
M I G S L W W G P U F L K M D
L V M Y N H Y R O T S G S G R
```

ALEX

BACK

CRISTINA

DEREK

NECK

IZZIE

MARK

MEREDITH

WAIST

70

Word Search

Can you find all the hidden words?

```
D  E  E  L  S  K  M  E  G  A  L  O  P  S  R
A  H  T  U  I  E  C  N  U  Q  O  M  E  N  U
R  F  C  A  H  A  H  O  W  P  K  X  R  Z  N
E  C  W  A  U  F  T  S  D  J  Z  U  C  V  S
D  U  P  W  O  Q  Q  T  I  D  I  R  I  L  N
O  X  P  X  W  R  S  L  A  F  A  R  F  W  S
H  E  W  X  N  C  I  K  I  R  S  H  O  W  D
C  G  P  M  G  R  H  Z  R  O  F  J  R  F  T
Q  M  M  G  O  S  O  M  I  E  U  U  M  O  J
S  E  W  M  R  U  Y  U  B  C  Q  I  X  Z  B
H  I  F  R  O  P  R  C  B  K  L  V  U  J  X
B  Q  Q  V  M  C  F  Z  A  N  Y  U  T  D  L
M  Y  Y  F  T  N  L  G  E  V  L  P  J  N  J
R  X  B  N  G  X  Q  H  Q  O  N  J  A  T  W
S  B  J  V  H  K  A  A  P  E  V  E  H  A  L
```

DARE
EEL
FISHES
HADDOCK
RUN

MEGALOPS
PERCIFORM
RATTAIL
ROACH
SQUAT

71

Word Search

Can you find all the hidden words?

```
B  I  S  C  U  I  T  S  V  A  B  M  G  F  Y
L  E  W  O  K  L  M  M  P  A  R  A  G  U  S
V  Y  E  F  B  L  L  A  J  U  J  Y  D  B  K
R  S  E  F  G  Y  I  A  L  S  C  O  Q  R  S
V  V  T  E  Q  U  V  M  B  A  V  N  W  D  Y
O  Y  S  E  C  O  O  L  E  R  S  N  O  Q  J
Q  M  F  K  O  G  I  X  U  N  D  A  Z  S  W
M  U  W  U  P  I  C  F  W  Q  I  I  V  B  W
X  Q  I  U  J  K  U  P  W  Y  P  S  O  W  W
A  Y  Y  C  L  M  C  N  K  Y  R  E  E  G  L
K  M  Y  L  J  G  B  M  J  Y  X  E  F  U  U
W  T  B  Z  E  E  L  V  P  C  L  Y  O  Y  C
W  G  N  M  H  J  P  Q  N  X  H  J  J  O  O
N  L  Z  V  R  M  D  U  Z  H  T  N  B  T  C
W  C  I  K  H  I  A  R  D  U  W  D  U  N  D
```

BALL
BISCUITS
COFFEE
COOLER
SUGAR

CUPS
MAYONNAISE
MILK
SALAMI
SWEETS

Word Search

Can you find all the hidden words?

```
S  D  I  V  I  N  G  S  F  L  O  W  E  R  S
S  I  T  A  E  H  A  U  E  B  V  S  W  T  H
V  P  R  L  W  C  R  F  F  S  F  L  S  M  I
T  P  O  P  K  J  D  C  Q  T  S  F  W  U  K
R  R  O  L  A  D  E  R  N  Q  G  E  X  F  I
I  F  D  R  F  C  N  I  L  T  W  T  R  O  N
F  K  B  T  L  P  W  T  A  H  F  R  B  D  G
E  T  H  B  G  R  I  L  L  O  U  T  X  S  A
T  C  L  P  U  J  V  L  Q  R  K  G  T  A  Z
M  J  R  O  I  D  V  U  F  W  T  L  P  N  Z
A  P  I  M  B  W  M  F  B  Q  P  X  I  M  A
M  Q  S  I  W  Z  C  J  J  W  R  K  Y  H  P
L  O  Y  F  P  G  I  E  B  S  M  V  W  A  W
N  S  N  Z  K  D  S  T  E  I  X  P  I  O  O
M  I  N  N  X  S  Q  J  N  D  X  I  E  O  C
```

CAPRIS
DIVING
DRESSES
FAN
HEAT

FLIPFLOPS
FLOWERS
GARDEN
GRILLOUT
HIKING

Word Search

Can you find all the hidden words?

```
M E D A P C P R A F T S C W W
E R R T W O E L T R A V E L M
D G O A R V F G Y D A D E R T
I U D T F E Q M A P S X L A D
T A D E S R K E J Y K V F A L
X E Z G L N K D Q F O C X M E
Y I H U C S R I B O H V T F K
Z O G B Q V C A K O U A X P O
C G Z R E B Y Q B D L L N I P
Z Y O B Y I D U O V S Q T V P
T C X B D A W F H W O J Z M P
Q T K B V Q I X S F O R K U Z
C E U U P J S I Z L G J B G U
X R E M C J B U N V F K I K H
E V Q Y F I M M G W E H K C J
```

BARNSTORM	PLY
COVER	RAFT
FARE	SLEDGE
PAD	TRAVEL
TREK	VOYAGE

74

Word Search

Can you find all the hidden words?

```
N Y E N F A M I L L E F K L I
H O R P L A B I A T E O J N D
D O D T I S T E M F Z L J U J
Y E M Z S H Y X E S L K P M Z
C M T E W E S W P A N Q E H G
K C R A W R C N R N N V B X J
Y N Y V L T A N I D Q D K Y O
L L P T Z E K J A K S D D A D
H P I P T R R D Q B C E L A Y
U C J Q D C D G H R R H M O X
A T U V X M B X C F C U L R F
K H A T G V N I N V C L C W G
C A B T K T G S N F E Z X P M
Y K R S G T B S S U A W N T Q
T Z D C V Q E G Y Z S P C S O
```

ANCESTRY
DON
ENFAMILLE
FOLK
RELATED

HOME
ILK
KINSHIP
LABIATE
STEM

Word Search

Can you find all the hidden words?

```
A  T  N  F  I  S  H  M  F  G  E  O  V  P  S
S  V  A  E  T  P  U  O  E  E  V  K  U  T  Q
S  M  O  C  K  Q  T  U  R  R  D  Y  A  B  D
U  N  O  C  O  C  K  S  R  B  J  G  I  N  S
K  O  O  O  A  G  I  E  E  I  I  Y  L  J  S
I  P  O  I  R  D  G  H  T  L  O  H  P  G  H
I  N  E  I  N  H  O  T  C  R  T  L  F  O  C
V  A  E  Q  W  O  S  X  T  A  B  E  H  R  Z
B  B  P  G  D  P  E  U  D  Q  C  V  W  F  T
F  T  Z  O  Q  Y  M  G  M  Q  N  H  D  E  K
R  G  V  B  E  U  C  K  C  Z  F  S  W  V  S
W  R  O  B  H  N  D  A  D  R  W  Y  O  U  W
T  X  H  R  K  C  Z  M  Q  U  X  M  C  W  N
U  V  T  S  Q  Q  Q  E  M  G  G  G  W  Y  S
Z  P  L  Y  V  Z  W  K  X  D  G  O  S  O  I
```

AVOCADO	FISH
CAT	GERBIL
CHICKEN	MOUSE
FERRET	MUSHROOMS
ONIONS	SNAKE

76

Word Search

Puzzle #8

Can you find all the hidden words?

```
E A T K P R I C E S Y B P L I
R L A E C E E A H L T A T I T
Z W A T K H Y T A D F R R S E
R Q N C R E T S A F Y I A T M
Q Y Q H P A W A K E J Q Q W G
C B H U L T A E E V S F W G G
A X I P C O L D H K M U D Y T
B B M J D S F F Z W R D F Q S
A U M L R J G X L Z T O T Q J
J Y M M T L W R Y L L L P H L
F N K L N K Q Z O Q B Z A A M
X S W M I V U T J R S W I T K
G Y L O D R W V I S M A C O Z
L A W G F D M U M U T B K K T
Q V I Y V B X B B V L Y E U O
```

EAT
EATER
FASTER
ITEM
STRAW

KETCHUP
LIST
PRICE
REHEAT
TRAY

77

Word Search

Can you find all the hidden words?

```
A S H T O N C C N O D R O C Q
L U K E E Y A L R E J E C T S
B V Y L S F L I F E R Q C D W
W Q V D P A U F D K M J H W C
Q K Z C B L M F Q M T M H B T
S D O N T S T O P K R B U M W
M F J X J X S R H N G N N S T
Z U F A H F G D I T A A F C D
V Q N O R J S N O U K C K N Z
K Z J Q Y A B J N O H Z W Y Y
V Q E N F A A J R X Q O X R O
H Q T S Q F L C N J E L A U N
Y V S E G P R P F F G L M X E
A P J O M Z P D E U G Z U S W
O C S W D R A P T C V W S Y V
```

ASHTON	DONTSTOP
CALUM	LUKE
CLIFFORD	PLAYOFFS
CORDON	REJECTS
SUMMER	THOMAS

Word Search

Can you find all the hidden words?

```
C  E  M  A  X  E  H  K  S  J  V  F  H  P  T
O  A  Q  E  K  U  U  E  S  E  P  I  Z  R  I
P  R  W  C  E  O  K  C  I  A  T  S  U  E  S
A  A  S  E  P  J  V  F  W  G  M  O  T  S  S
Y  C  C  S  I  V  N  G  Y  M  H  D  N  C  U
W  H  O  S  O  G  C  O  Q  T  A  T  B  R  E
X  E  S  T  E  T  H  O  S  C  O  P  E  I  S
V  F  Q  W  B  I  G  T  C  R  Z  Q  R  P  D
Z  N  O  L  M  U  Q  F  I  S  S  A  N  T  Z
G  O  B  A  A  I  H  D  Q  Y  G  G  U  I  Y
G  W  V  P  L  G  P  B  W  Z  K  B  Y  O  Q
O  X  Z  Y  P  R  H  N  Q  H  E  G  X  N  Q
I  Q  W  H  Z  R  L  T  G  X  V  S  F  A  K
H  I  G  Q  T  X  R  P  N  G  I  C  N  R  Z
O  Q  D  Z  W  F  L  J  X  O  G  E  M  J  T
```

COPAY
EARACHE
EXAM
HEIGHT
TISSUES

MASK
NOTES
PRESCRIPTION
STETHOSCOPE
WEIGHT

79

Word Search

Can you find all the hidden words?

```
C W E C A F D A E H T H U M B
W H W K H I C N D E U O J U K
P R E L V N L R A V N R E U Y
W W I S E G R W S H V K W S F
S V J S T E W Y B L U P L N L
Q L J G T R F I S M N F N X P
F V E Z C S S H T D L D E F J
W K N L V B F H U S G D K K H
M K Q U H P Y M G B M W E N I
J I Z Z C L O M R W J F C E P
V F P U H M N I Y A Q E I M L
H N H V U M F J P S Q W C V W
B M C H K W D M O S J H A Y L
Q I L U Z P A U B S C J B B Y
X F N L P V W U Z K R C P C I
```

CHEST   HAND
ELWW   HEAD
FACE   KNEE
FINGERS   THUMB
TOES   WRIST

80

Word Search

Can you find all the hidden words?

```
B U N S I C E P E P P E R N S
T R O U Z H J C M L J N C A C
E L E O R E Y W U A G B N P K
R C A A W E O U I T E M X K P
D O U S D S W T W E T I B I S
X T Y A A E P X A S U E B N N
I Y I P S D M G R M S Z L S G
I V P H I R Z Q I K O S D L O
M F H B Y T D N U E L T K L W
C O X Q R C T M W U M F A C T
Y R V U U W M Y L F X F K M Y
P R S A X L P U B O P N G Y D
K J L W F Z J F I M V Y P B M
T D R I N G C E Z F S K A R J
Z H V A D K L S A L X D Y M X
```

BREAD
BUNS
CHEESE
LETTUCE
SAUCE

NAPKINS
PEPPER
PLATES
SALT
TOMATOE

Word Search

Can you find all the hidden words?

```
C U C U M B E R S R E V A L N
N R O L L E R S Y A S L T H O
A O I H S U S G K E S E W T R
X T N N F S Y R P A K N I R I
O K I A N H R A H O T R A L S
W I N H B V A T N A U E U K G
Q Y M D C E I P S B I W S T O
H A Z H P I L W K P D N T E U
T F O V S B W A X A Y X E V S
D S Q F X T X P M T R W J E N
D N K M B S K L C I D R M F B
T R B K J H R C J O P P I J K
E S H F C Y H K U V Z W K C U
P A G M M A F U I O L L Q Q G
H F P X H Y J G L Y A H J T B
```

CUCUMBER   NORI
KANSAS   ROLLER
LAVER   SKATES
LEBANON   SUSHI
TURKEY   WICHITA

Word Search

Can you find all the hidden words?

```
A U G U S T B H C A E B U P M
C A M P I N G A D H P Z A S W
X M E A D O E D R I Y X Z H A
E Y Z M E B N C K B M Z Z Y T
O I B Q D R I W A W E U G A E
Y N X O D V C F V K Q C H X R
M O S R S H B E X U S H U T P
A R D P A G P O C Z X M N E O
G C F Q Q P K T T I K I P R L
V O L L E Y B A L L K L N Q O
G N I T F I L T H G I E W Y U
P L Y Q Z A T W C E X K Y E M
F Q Y J J V F U Q X F Z J G Z
B A N C N C G V Y B P T Z E H
G P N X F X U A E C T D U N T
```

AUGUST   HUMID
BARBECUE   ICECREAM
BEACH   USA
CAMPING   VOLLEYBALL
WATERPOLO   WEIGHTLIFTING

Word Search

Can you find all the hidden words?

```
D  A  G  R  E  T  S  M  A  H  I  L  R  G  R
O  R  L  I  M  L  Q  U  W  U  G  I  A  N  I
G  N  I  L  P  U  T  X  R  I  U  Z  T  Y  D
H  X  L  B  I  A  S  R  T  S  A  A  M  I  R
R  A  R  E  V  H  E  I  U  O  N  R  A  Z  X
W  J  G  C  P  Q  C  N  C  T  A  D  P  P  U
E  Q  U  Q  Q  V  C  N  I  Z  R  Z  D  E  P
M  V  E  D  H  C  M  S  I  U  K  X  J  V  S
F  W  X  L  B  N  N  P  W  H  G  P  E  Z  M
M  M  A  Y  O  K  O  Y  W  G  C  Y  J  Y  A
R  Q  C  O  F  A  E  L  F  S  E  I  H  X  Y
G  A  G  Q  P  I  A  C  Q  N  B  B  V  C  D
U  M  A  B  D  K  D  U  K  A  W  P  T  B  R
J  T  W  O  V  H  J  L  Q  Y  N  J  K  W  Z
U  G  W  B  I  H  L  O  Q  S  O  S  Q  D  K
```

BIRD	HAMSTER
CHINCHILLA	IGUANA
DOG	LIZARD
GUINEAPIG	MUSIC
RAT	TURTLE

Word Search

Can you find all the hidden words?

```
E N O Y N A C R L K I S O M E
I T S P Q D H C E T M K U I U
N T E O U I E L U T P I Q N A
Q E A K M S W Y W F A Y X V B
M Q T L S E Z O X Y S E S M X
A V Q A I A W Z A F S K C Y Q
S P A A E A B H N K E G I L N
Y W I V K N N C A H C R X W Q
Y H G L W A U A I T B A W U V
S G B R X E L R T N E R O D D
Q J Y B T V J Y W E C B V L I
Q V A O K L N J Y D B I K D B
F E E I C U K T G I P A P J N
Z H M Q I N B F A W G N R C W
O D Y Y E V G N S S E K Y E O
```

ANYONE
CHEW
EATER
IMPASSE
SUP

ITALIANATE
PICNICBASKET
SOME
SOMEWHAT
UNEATEN

Word Search

Can you find all the hidden words?

```
T  E  N  G  A  B  C  D  I  D  A  G  R  H  A
K  C  E  H  E  R  D  A  P  E  R  C  O  I  D
P  U  R  T  G  N  E  N  R  S  C  H  O  O  L
D  C  L  J  K  B  T  T  U  S  M  C  F  V  J
Y  E  D  E  N  I  J  L  T  O  T  M  P  K  E
S  W  F  F  K  V  X  F  E  O  P  D  M  O  T
D  A  E  H  S  P  E  E  H  S  D  S  V  U  S
U  T  D  J  H  R  S  I  S  Y  D  Q  B  D  H
J  S  Y  L  C  B  R  S  U  K  C  F  N  I  V
X  O  V  X  J  V  F  A  Q  K  O  N  Q  Z  Y
F  O  J  V  N  M  G  P  P  U  B  Y  E  C  L
G  E  L  X  U  U  T  Q  R  L  J  F  I  G  G
H  I  B  X  M  Q  Z  R  Q  X  L  N  P  K  B
G  D  K  D  U  A  T  L  A  D  K  C  M  F  M
V  S  Z  K  X  I  P  Y  K  F  G  N  B  S  E
```

BAGNET	HECK
CAR	OTTER
GADID	PERCOID
GENTLE	POUND
SCHOOL	SHEEPSHEAD

Word Search

Can you find all the hidden words?

```
B N Y P C S N I A T R U C R K
E A S W L P R W G T E L Y U W
D G I M O R M E A Q E V T G K
W M R L S L A A P C P B U M F
H I H N E N L E L P B A W D N
T V L A T Y L I B C I F Y X E
Q Z K V L X R H P Y N L X V D
P S J N M N G N T E D U S N L
S Z X O G N R W S A I D W K D
N G Y P V D T M K I V O E J H
X K U Z K B M P P W Q V X T M
U M F L V M S R G G B N D U I
E V Y J H F T X J Z C K C C L
G I Z T D B H P V L M M D M I
U K I H A I H O Z W U M V E R
```

BAILEY
BED
CLOSET
CURTAINS
SLIPPERS

DUVET
LAMP
PILLOW
RUG
TEDDYBEAR

Word Search

Puzzle #19

Can you find all the hidden words?

```
C  I  N  C  I  P  Y  A  L  P  H  S  V  P  S
R  E  C  C  O  S  S  K  G  G  Y  U  A  C  H
E  E  N  E  T  B  O  T  D  N  J  M  C  I  I
D  H  C  I  K  M  G  L  R  X  C  M  A  I  B
K  G  E  R  H  L  K  G  S  O  J  E  T  H  U
E  C  U  X  E  S  N  B  D  T  P  R  I  Q  B
E  J  Q  Z  O  A  N  M  K  F  I  S  O  I  L
L  E  V  A  R  T  T  U  P  G  I  C  N  I  T
N  R  W  A  Y  B  D  I  S  J  E  H  E  W  T
T  A  F  Y  T  F  Q  M  O  U  M  S  K  F  F
W  R  G  Y  S  H  Q  M  P  N  T  J  V  H  O
F  V  M  E  O  B  E  P  A  W  L  L  Q  S  I
T  O  M  K  B  D  S  U  V  G  I  I  E  Z  I
V  J  R  R  N  A  T  R  O  C  M  H  T  B  C
N  I  K  T  H  G  F  S  B  Y  X  H  I  L  O
```

PICNIC	SOLSTICE
PLAY	SPORTS
RECREATION	SUMMER
SOCCER	SUNSHINE
TRAVEL	VACATION

88

Word Search

Can you find all the hidden words?

```
K  C  O  L  C  D  I  T  C  H  R  D  S  S  A
B  O  C  I  L  E  R  T  K  K  E  A  E  J  B
Q  N  Q  N  G  A  U  U  H  R  A  N  W  L  B
R  N  Z  K  N  D  R  T  G  B  C  D  Y  L  S
X  E  A  O  Q  H  M  K  P  G  H  B  J  J  A
X  C  V  O  A  E  X  S  K  X  E  N  T  L  P
J  T  O  D  I  A  R  U  I  K  P  D  M  E  Z
Q  I  D  X  F  D  P  Z  V  R  Q  H  X  U  B
P  O  T  E  K  C  I  T  N  R  U  T  E  R  K
A  N  G  A  Q  P  N  A  O  B  H  O  I  D  U
K  B  Q  B  D  V  Z  K  P  B  G  O  T  Q  N
H  G  Z  A  U  T  G  G  C  H  U  V  R  P  N
E  C  V  M  V  N  A  J  Z  U  R  V  M  K  C
I  B  B  P  Q  L  L  K  Y  B  P  T  C  B  E
Q  D  P  H  E  Q  C  P  L  S  H  J  E  M  N
```

CLOCK	LINK
CONNECTION	REACH
DEADHEAD	RETURNTICKET
ITCH	RUGGED
SLED	TOURISM

89

Word Search

Can you find all the hidden words?

```
T  C  E  B  I  D  R  E  H  T  A  F  D  O  G
C  U  I  R  S  C  I  L  Y  G  A  E  I  D  V
V  R  N  T  U  O  O  I  O  C  Y  P  O  D  E
W  H  C  G  Y  T  X  L  R  F  L  O  W  C  W
O  X  K  K  U  O  C  K  E  A  F  Q  Y  A  U
X  Q  O  R  B  S  C  I  Z  W  C  G  D  I  V
A  Z  A  O  M  P  I  G  P  R  C  I  E  C  E
D  I  H  P  R  Y  S  C  T  Y  U  R  R  B  A
D  I  L  U  G  A  R  T  I  N  L  T  L  O  A
J  U  D  T  P  G  T  G  Z  N  J  I  T  A  L
L  W  B  Z  P  U  Q  I  P  Y  Z  U  M  U  B
A  F  W  D  N  C  N  G  E  G  P  Q  E  A  T
E  A  X  S  J  L  R  M  C  B  O  S  K  A  F
N  M  D  I  V  U  E  X  S  P  E  A  V  Z  S
L  X  H  R  W  D  V  T  F  M  H  L  P  F  A
```

CEBID   LYGAEID
FAMILYPICTURE   OCYPODE
GODFATHER   SYRPHID
LORICARIID   TRAGULID
TUNGUSIC   WOLF

Word Search

Can you find all the hidden words?

```
T  E  L  B  A  Y  E  L  R  U  B  D  J  G  R
G  D  I  O  R  U  A  S  L  E  E  W  D  N  N
A  S  D  N  J  N  L  H  F  M  D  B  P  U  U
N  W  F  E  N  S  W  C  T  D  J  K  D  H  R
N  I  W  F  I  S  H  A  N  D  C  H  I  P  S
E  M  E  I  U  U  T  P  S  E  A  P  N  Q  S
T  F  I  S  R  P  W  E  Y  M  C  R  V  N  U
D  K  C  H  S  C  X  I  A  M  X  B  V  O  G
U  I  R  B  O  G  W  J  J  K  R  J  U  E  I
M  W  V  V  G  E  M  Y  H  S  B  S  U  S  Q
M  S  J  Q  S  I  L  E  I  F  Z  Z  U  S  N
W  Q  Q  D  X  W  Z  G  F  M  W  Y  T  V  G
A  E  J  M  W  S  N  A  N  K  S  E  R  I  W
M  D  T  Z  S  H  Y  O  B  M  R  L  A  Q  S
Z  A  T  K  G  L  A  E  Q  I  K  L  R  K  J
```

ABLET
BONEFISH
BURLEY
FISHANDCHIPS
SWIM

GANNET
RUDD
SAUROID
STEAK
WEEL

91

Word Search

Can you find all the hidden words?

E B D R E N I D T P R S C U Q
A U U E I I N O R E P P E P D
T I C R L L W F C D M D G M S
A N R E G I O N O A G R X Y E
O G A E B E H I K K T L U R Z
N X F R Z R R S V R S D W O D
Y R D L U Z A S F A L B D M G
H U C T S A I B P U R D G F R
F V A P D D T P O Z A R R M U
V I K T Z Z S S O P I T Z C K
U X X H S D A L E A D H I Z K
R K T N F Q R H Y R S A G F Z
K V E H Y F T Y Z R E S R V Z
F J J I N X U R I U L M F U S
Z A B O U K T U J I K X N L N

BARBECUE	GOURMET
BURGERS	PEPPERONI
DELI	PIZZERIA
DINER	RAVIOLI
RESTAURANT	TACO

Word Search

Can you find all the hidden words?

```
A  U  G  U  S  T  Y  E  B  N  L  Q  H  F  I
U  N  P  S  F  P  S  L  U  E  U  E  O  A  B
Y  Y  P  O  T  H  O  E  U  C  A  F  T  M  K
L  S  B  N  P  U  T  L  T  J  E  C  N  I  O
I  C  E  C  R  E  A  M  F  C  L  B  H  L  B
G  L  Z  G  G  B  C  R  F  P  R  F  R  Y  D
B  S  V  O  K  E  J  I  K  G  I  P  U  A  F
G  J  M  Z  I  V  W  Y  X  Q  B  L  N  L  B
S  D  E  G  H  I  L  Q  K  W  J  O  F  U  F
H  K  J  J  S  P  E  U  Q  M  H  B  I  Z  G
U  L  O  P  Z  Y  F  V  T  G  T  V  O  Q  E
V  M  W  A  C  Z  Q  A  E  Z  N  N  B  S  W
M  Y  M  K  K  R  Q  N  Q  M  G  L  C  M  D
M  Z  O  Z  Y  T  Q  I  K  U  I  J  O  J  H
F  K  G  T  X  U  L  I  D  W  B  M  R  Z  Z
```

AUGUST	FLOP
BARB	FUN
BEACH	HOT
FAMILY	ICECREAM
ICEPOP	JULY

93

Word Search

Can you find all the hidden words?

```
T  C  T  E  J  R  E  S  K  I  M  T  O  U  R
T  A  O  S  W  O  F  T  E  A  Q  A  N  U  Y
H  R  O  M  W  A  N  T  U  G  M  V  E  B  S
Z  D  A  B  M  M  S  R  W  O  I  J  D  T  U
K  Y  Z  C  D  U  S  D  A  A  R  Z  B  S  S
Y  K  M  V  K  R  T  A  M  X  J  F  F  Q  Q
Q  A  S  W  A  N  D  E  R  L  U  S  T  K  C
Z  P  X  I  G  F  U  W  B  D  S  P  G  U  R
H  I  V  D  B  T  R  C  D  V  Y  P  O  Y  G
F  T  H  T  A  A  A  L  Q  U  Q  O  Z  H  Q
H  C  K  X  M  Y  O  L  Q  R  M  A  C  L  E
O  E  X  M  O  I  M  S  V  Q  M  R  W  Y  J
M  F  M  O  Y  P  V  C  X  U  C  J  U  H  J
T  N  Y  P  D  E  C  U  K  W  Z  C  P  I  O
W  R  L  F  L  G  E  A  O  R  B  V  D  F  P
```

BOAT	ROUTE
COMMUTE	SKI
JET	STEAM
ROAM	TOUR
TRACK	WANDERLUST

94

Puzzle #26

Word Search

Can you find all the hidden words?

```
N A M A B A L A F L O R I D A
C F I H W N O I E A W O I K K
N O L G T V C K N W X E T O E
T E L P R R V I L D N H V W N
E U V O S O E Q C A I Q L H T
X K D A R A E O D B H A M D U
A T B Z D A I G L C Y O N W C
S I B C U A D N J F B H M A K
P S O L U I W O I A I F K A Y
D N A L Y R A M S G T O M N V
B I S I N H T J A T R G U R P
V V Z E H N N Y I U G I Q B M
V X J I P W I L S A M G V S S
W F M H D J A F X L G F N W Q
R B Y C G X M P E V L H V I X
```

TEXAS	IOWA
COLORADO	KENTUCKY
FLORIDA	MARYLAND
GEORGIA	NEVADA
INDIANA	OKLAHOMA

Word Search

Can you find all the hidden words?

```
N D H W O K H E I T W O R C P
C F B T T M W D W U R D U C K
O R L H H A N Y O N L E O W L
C P E P A G O W T V J O O K A
K T E H S M I X H B E H S L P
A A U R T A E L N K U M D P F
T R D R U A K P F K Q T K V T
O M D A K T E J A C K D A W O
O I H F Y E L F Z V E J I R S
O G E Z P J Y U J D T X E W V
Z A O V U F V M V Y H Z R X G
K N Y E L L O W T H R O A T L
U Y X L V N Y M G I E J K Y J
T X K N D O K O N J G H T W J
O G E H Z Q X B Z H X O P X S
```

COCKATOO	FLIGHT
CROW	JACKDAW
DOVE	OWL
DUCK	PTARMIGAN
FEATHER	TURKEY

X's and O's

How to Play:

Each player takes turns to place their mark (X or O) in the 3x3 grid.
The winner is the first player to get three in a row horizontally, vertically or diagonally.

The game is tied if the board is filled without either player scoring a full row of three.

We hope you have fun completing these :)

Examples

X is winner

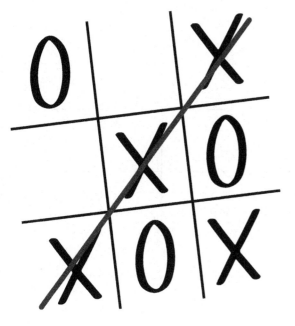

Tie in the game

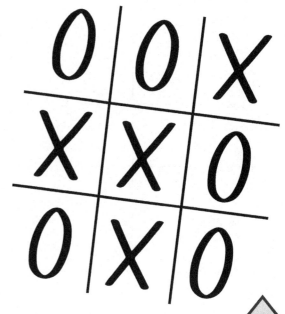

Player 1

VS

Player 2

The winner is:

Battle 2

Player 1

VS

Player 2

The winner is:

Battle 3

Player 1

VS

Player 2

The winner is:

100

Battle 4

VS

The winner is:

Battle 5

VS

102 The winner is:

Player 1

VS

Player 2

The winner is:

Player 1

Player 2

VS

The winner is:

Battle 8

VS

The winner is:

Battle 9

VS

The winner is:

Battle 10

The winner is:

Player 1

VS

Player 2

The winner is:

Player 1

VS

Player 2

The winner is:

Player 1

VS

Player 2

The winner is:

Battle 14

The winner is:

Battle 15

Player 1

VS

Player 2

The winner is:

112

Battle 16

Player 1

Player 2

VS

The winner is:

Battle 17

VS

114

The winner is:

Battle 18

Player 1

VS

Player 2

The winner is:

Player 1

Player 2

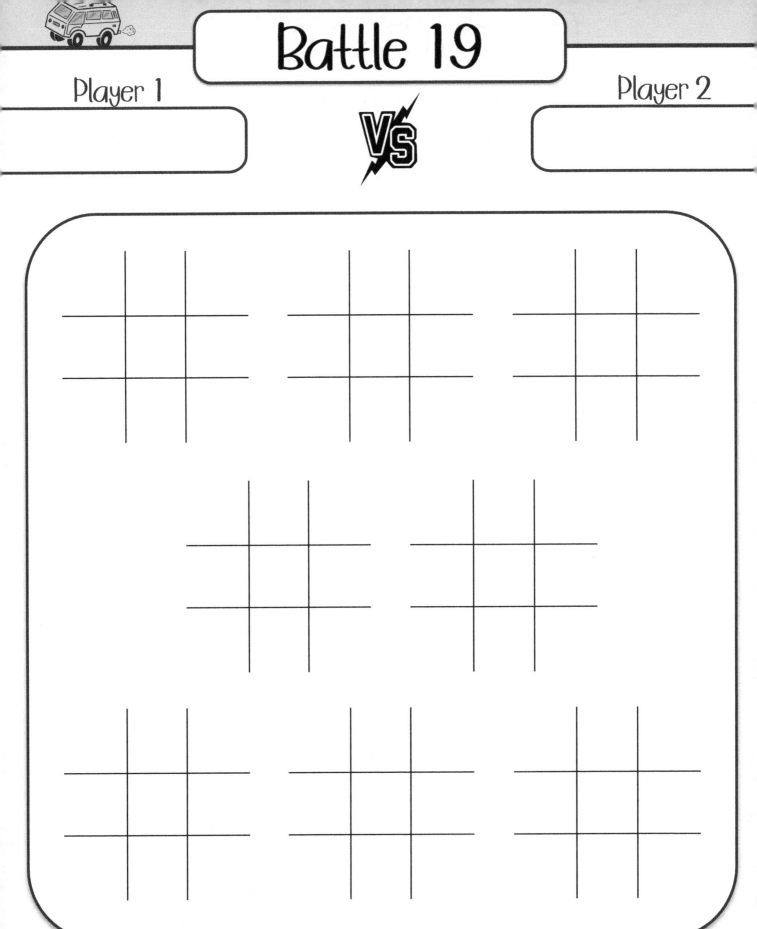

The winner is:

Battle 20

Player 1

VS

Player 2

The winner is:

Solutions

1. IDEWWLRLOF = WILDFLOWER

2. TIHLETS = THISTLE

3. RWOEFL = FLOWER

4. EBRH = HERB

5. PUTIL = TULIP

6. WEDE = WEED

7. NFRE = FERN

8. ERED = REED

9. OABMBO = BAMBOO

10. YIV = IVY

11. RWOELFUNS = SUNFLOWER

12. IYLL = LILY

1. USIAATR = AUSTRIA

2. JAAPN = JAPAN

3. PNDLOA = POLAND

4. UGIBMEL = BELGIUM

5. NICAH = CHINA

6. GTYEP = EGYPT

7. FLDANIN = FINLAND

8. AACDAN = CANADA

9. NRMEAGY = GERMANY

10. OEXMCI = MEXICO

11. IRAZBL = BRAZIL

12. IAIND = INDIA

Solutions

1. APDHI = APHID

2. EEB = BEE

3. BLADYGU = LADYBUG

4. LUEBBEBEM = BUMBLEBEE

5. YLF = FLY

6. CCRKHOCAO = COCKROACH

7. GYNFRODAL = DRAGONFLY

8. RIAAELPTCLR = CATERPILLAR

9. ARLAV = LARVA

10. PSAPREGROSH = GRASSHOPPER

11. EEEBLT = BEETLE

12. FLEA = FLEA

Winter

Solutions

1. NOLSAFLW = SNOWFALL

2. GSLEDE = SLEDGE

3. RNWETI = WINTER

4. NWDI = WIND

5. OLOIG = IGLOO

6. OLDCU = CLOUD

7. ZFEEER = FREEZE

8. CLOD = COLD

9. SORTM = STORM

10. IIKNSG = SKIING

11. YHKOE = HOKEY

12. AMNOWSN = SNOWMAN

Animals

Solutions

1. TIRGE = TIGER

2. OTGA = GOAT

3. SHEEP = SHEEP

4. NCHEKIC = CHICKEN

5. HERSO = HORSE

6. SOEMU = MOUSE

7. ONRRHOSCEI = RHINOCEROS

8. BABRIT = RABBIT

9. ENPHEALT = ELEPHANT

10. ERCOLIDCO = CROCODILE

11. FGFIEAR = GIRAFFE

12. IONL = LION

Birds

1. LBSAOTSAR = ALBATROSS

2. NIHGLENTAGI = NIGHTINGALE

3. ILDCBKRBA = BLACKBIRD

4. NAYACR = CANARY

5. COWR = CROW

6. OUKCCO = CUCKOO

7. ORSKT = STORK

8. EGIPON = PIGEON

9. DCUK = DUCK

10. LGAEE = EAGLE

11. FOANCL = FALCON

12. AMOLFGNI = FLAMINGO

Music

1. OURCYNT = COUNTRY

2. LNEETCICOR = ELECTRONIC

3. KNUF = FUNK

4. IPPHO H = HIP HOP

5. ZAJZ = JAZZ

6. TLNAI = LATIN

7. OPP = POP

8. PNUK = PUNK

9. RGAEEG = REGGAE

10. CORK = ROCK

11. OLSU = SOUL

12. OAKLP = POLKA

Astronomy

1. STGAOOYRL = ASTROLOGY

2. OBESRYAROTV = OBSERVATORY

3. OOYMLOGCS = COSMOLOGY

4. ORETARSOMN = ASTRONOMER

5. OESLCTPEE = TELESCOPE

6. VENPUSOAR = SUPERNOVA

7. SOSOMC = COSMOS

8. LWIAMY KY = MILKY WAY

9. CEALL BKHO = BLACK HOLE

10. YAGXLA = GALAXY

11. NLPSTEA = PLANETS

12. MNOO = MOON

food

Solutions

1. SADLA = SALAD

2. DHSIANWC = SANDWICH

3. ADRBE = BREAD

4. AEKST = STEAK

5. AETSUAN KT = TUNA STEAK

6. SPHIMR = SHRIMP

7. ERCI = RICE

8. GPETSIHTA = SPAGHETTI

9. IPZAZ = PIZZA

10. BMRGRAHEU = HAMBURGER

11. SCEEHE = CHEESE

12. SSASEAUG = SAUSAGES

1. RCRAYHE = ARCHERY

2. RNACIG = RACING

3. NGGJIGO = JOGGING

4. ITSLTECAH = ATHLETICS

5. XOGIBN = BOXING

6. CNEOA = CANOE

7. LBIICNGM = CLIMBING

8. NCLYICG = CYCLING

9. SDRAT = DARTS

10. NIENCFG = FENCING

11. SGNKTAI = SKATING

12. AKEART = KARATE

Dog breeds

Solutions

1. BAEELG = BEAGLE

2. AATKI = AKITA

3. BOREX = BOXER

4. OYCRC = CORGY

5. HWWHC COO = CHOW CHOW

6. IUHSZH T = SHIH TZU

7. UGP = PUG

8. SIHKU = KISHU

9. ALRBDRAO = LABRADOR

10. MFLALFTSUBI = BULLMASTIFF

11. OEPRTIN = POINTER

12. ITHWEPP = WHIPPET

fish

Solutions

1. CAPR = CARP

2. IDHGFOLS = GOLDFISH

3. HUTIABL = HALIBUT

4. RCPHE = PERCH

5. KEIP = PIKE

6. CALEPI = PLAICE

7. YRA = RAY

8. NLOSMA = SALMON

9. FSISAHW = SAWFISH

10. LACSOPL = SCALLOP

11. HAKRS = SHARK

12. ROUTT = TROUT

Mammals

Solutions

1. NTPAOLEE = ANTELOPE

2. OMARMT = MARMOT

3. RDBEGA = BADGER

4. LWEHA = WHALE

5. EVERBA = BEAVER

6. LACEM = CAMEL

7. NRDERIEE = REINDEER

8. ASHDDHUCN = DACHSHUND

9. OPNDHLI = DOLPHIN

10. RBEZA = ZEBRA

11. SHLTO = SLOTH

12. PNDAA = PANDA

1. OWUDOPRN = DOWNPOUR

2. NSUNY = SUNNY

3. INAR = RAIN

4. RELAC = CLEAR

5. EINF = FINE

DLYOCU = CLOUDY

ROSVCTAE = OVERCAST

LOFOD = FLOOD

NDWYI = WINDY

LAGE = GALE

APDM = DAMP

IEZZRDL = DRIZZLE

Solutions

1. TRNAI = TRAIN

2. LEANMBUAC = AMBULANCE

3. RDUEOLZBL = BULLDOZER

4. ITPOEELCRH = HELICOPTER

5. MLORECCTYO = MOTORCYCLE

6. COE PRICLA = POLICE CAR

7. TXIA = TAXI

8. PREALIAN = AIRPLANE

9. ROTRTAC = TRACTOR

10. OTBA = BOAT

11. KUTRC = TRUCK

12. POEDM = MOPED

1. LONBIGGG = BLOGGING

2. IDANCGN = DANCING

3. GIGINNS = SINGING

4. GOIPPSNH = SHOPPING

5. VNATGRLIE = TRAVELING

6. NRWAIDG = DRAWING

7. TPGIINAN = PAINTING

8. OGOKCNI = COOKING

9. NEWISG = SEWING

10. KGNNTTII = KNITTING

11. IGHFSIN = FISHING

12. GTHYOHAPRPO = PHOTOGRAPHY

Solutions

1. BNLEAG = BENGAL

2. ESEIAMS = SIAMESE

3. ONEAO NCMI = MAINE COON

4. RAISPNE = PERSIAN

5. GLDRLAO = RAGDOLL

6. XHNSYP = SPHYNX

7. OE RDXNEV = DEVON REX

8. NAMBRI = BIRMAN

9. OEIGMG = MOGGIE

10. AKTOR = KORAT

11. XMAN = MANX

12. EUBSMRE = BURMESE

School

1. DUOEIANCT = EDUCATION

2. COLLEGE = COLLEGE

3. IYSEIUTVRN = UNIVERSITY

4. HEEACRT = TEACHER

5. COLSMROAS = CLASSROOM

6. TDSENUT = STUDENT

7. UACDETE = EDUCATE

8. LSASESC = CLASSES

9. EOROPLHSC = PRESCHOOL

10. MYELRNEETA = ELEMENTARY

11. CYMULE = LYCEUM

12. ISLPPU = PUPILS

Drinks

Solutions

1. WIEN = WINE

2. EFECFO = COFFEE

3. MILK = MILK

4. E RCUTJFIUI = FRUIT JUICE

5. ETWRA = WATER

6. UEIJC = JUICE

7. LOENDEAM = LEMONADE

8. OMTHSEOI = SMOOTHIE

9. ZIFZY = FIZZY

10. LSKEAHIMK = MILKSHAKE

11. HTCEAOOCL = CHOCOLATE

12. PAOCPUCICN = CAPPUCCINO

Summer

Solutions

1. UMMSIREMTE = SUMMERTIME

2. JUNE = JUNE

3. HABCE = BEACH

4. ATHE = HEAT

5. ADNS = SAND

6. ASVWE = WAVES

7. ESA = SEA

8. RSTE = REST

9. IUTNASHNBG = SUNBATHING

10. MIIWSNGM = SWIMMING

11. RISPT = TRIPS

12. EEIFMRET = FREE TIME

Solutions

1. ACNMEHI = MACHINE

2. ATCLUCORAL = CALCULATOR

3. RMRAREOMGP = PROGRAMMER

4. RRDAEWHA = HARDWARE

5. LPPTOA = LAPTOP

6. RETLNIESOCC = ELECTRONICS

7. ENRTINTE = INTERNET

8. IAOFTIONNMR = INFORMATION

9. FTEOSRAW = SOFTWARE

10. YEAOBDRK = KEYBOARD

11. ETPODKS = DESKTOP

12. MTONROI = MONITOR

World

Solutions

1. RAHET = EARTH

2. DEWIORLWD = WORLDWIDE

3. LOGABL = GLOBAL

4. RNEIESVU = UNIVERSE

5. BLOEG = GLOBE

6. PTLNEA = PLANET

7. NAKNIMD = MANKIND

8. UNETRA = NATURE

9. UHANM = HUMAN

10. GENOIR = REGION

11. RTCELUU = CULTURE

12. ANHRTEMSA = EARTHSMAN

Cinema

Solutions

1. HEETRAT = THEATER

2. MIOVE = MOVIE

3. FIGMLNAMKI = FILMMAKING

4. CEATMIICN = CINEMATIC

5. NUPORCSTIOD = PRODUCTIONS

6. TDSIOU = STUDIO

7. OIDVE = VIDEO

8. UDKOTNCARS = SOUNDTRACK

9. OOPNPRC = POPCORN

10. SOHW = SHOW

11. LFGIIMN = FILMING

12. TMINONAIA = ANIMATION

140

1. HOEUS = HOUSE

2. MYFLAI = FAMILY

3. OHADSMETE = HOMESTEAD

4. EPTRMTNAA = APARTMENT

5. CTNIKEH = KITCHEN

6. DMROBOE = BEDROOM

7. HAROBMTO = BATHROOM

8. LIUIGBDN = BUILDING

9. NOTOMEHW = HOMETOWN

10. CYTI = CITY

11. CANOLOIT = LOCATION

12. RGGEAA = GARAGE

Solutions

1. DRSES = DRESS

2. MTGEARN = GARMENT

3. SRTIH = SHIRT

4. TKCEJA = JACKET

5. OTAC = COAT

6. DERESDUSNR = UNDERDRESS

7. EOIHDO = HOODIE

8. URSETSOR = TROUSERS

9. OHSES = SHOES

10. WAERETS = SWEATER

11. DHNRUTIERS = UNDERSHIRT

12. ELGVO = GLOVE

Cryptogram

1.	Uranus has 27 moons
2.	Earthworms have 5 hearts
3.	A human eyeball weighs an ounce
4.	The Hawaiian alphabet only has 12 letters
5.	A cow has four compartments in its stomach
6.	The space between your eyebrows is called the Glabella
7.	The range of a medieval long-bow is 220 yards
8.	It takes approximately 12 years for Jupiter to orbit the sun
9.	The giant squid is the largest animal without a backbone
10.	In Albania, nodding your head means "no" and shaking your head means "yes".

Cryptogram

Solutions

11.	The average ear grows 0.01 inches in length every year
12.	The state of Alaska has almost twice as many caribou as people
13.	The placement of a donkey's eyes in it's' heads enables it to see all four feet at all times!
14.	A rhinoceros horn is made of compacted hair.
15.	A cat has 32 muscles in each ear.
16.	Children grow faster in the springtime.
17.	You're born with 300 bones, but by the time you become an adult, you only have 206.
18.	The average person falls asleep in seven minutes.
19.	Slugs have four noses.
20.	The dot over the letter "i" is called a tittle.

Cryptogram

21.	Triskaidekaphobia means fear of the number 13.
22.	There are 45 miles of nerves in the skin of a human being.
23.	Flies jump backwards during takeoff.
24.	A mole can dig a tunnel 300 feet (91 m) long in just one night.
25.	A cat uses its whiskers to determine if a space is too small to squeeze through.
26.	Elephants only sleep for two hours each day.
27.	Dolphins can look in different directions with each eye. They can sleep with one eye open.
28.	Humans use a total of 72 different muscles in speech.
29.	The average lead pencil will draw a line 35 miles long or write approximately 50,000 English words.

Solutions

Maze

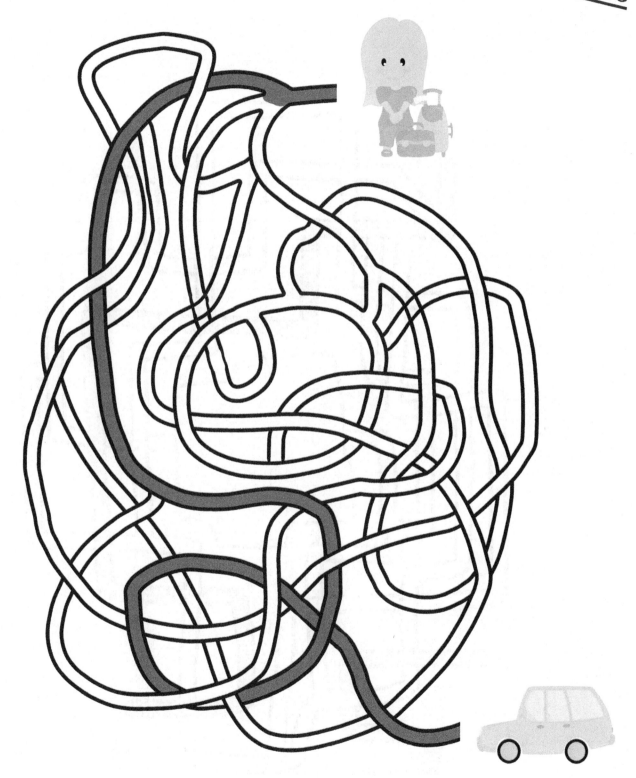

Maze

Solutions

Maze

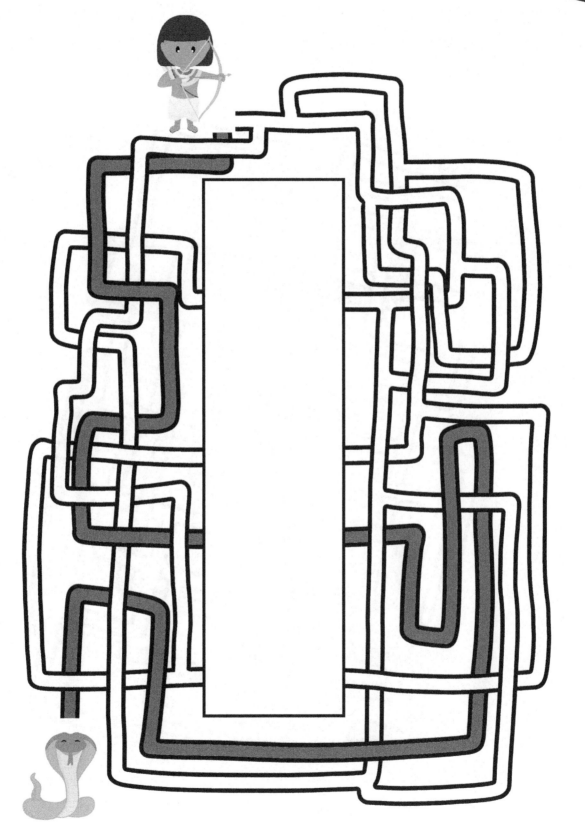

Solutions

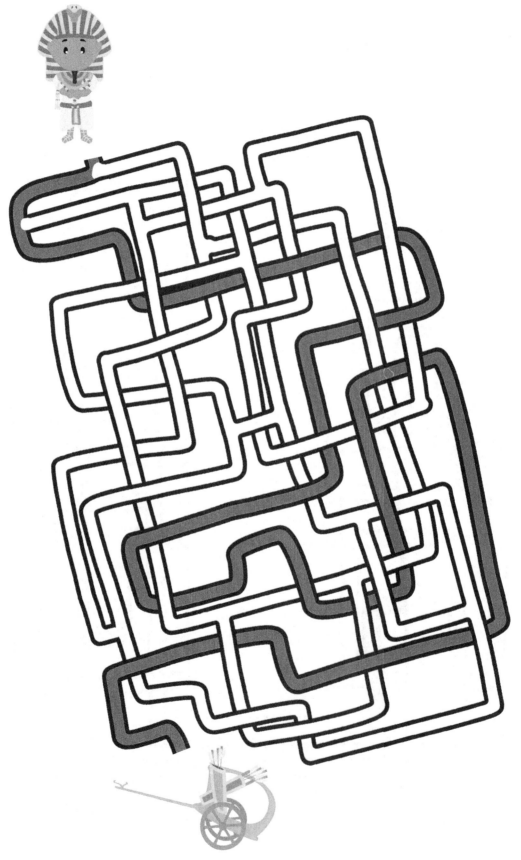

Maze

Solutions

Maze

Maze

154

Maze

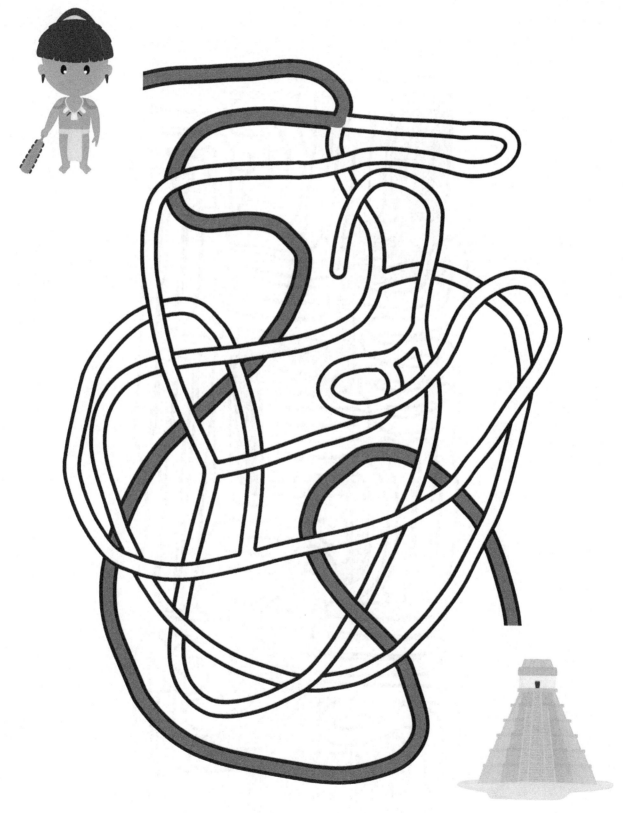

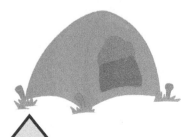

Maze

Solutions

Maze

Maze

Solutions

Maze

Maze

Maze

Solutions

Maze

Solutions

Maze

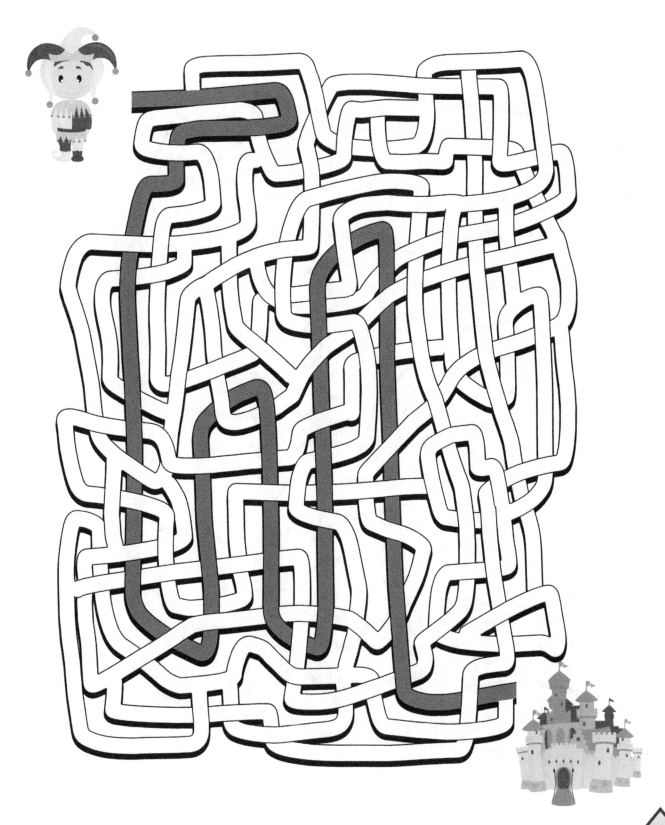

Solutions

Maze

Word Search

Solutions

Puzzle #1

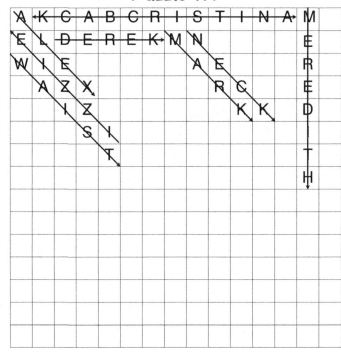

Puzzle #2

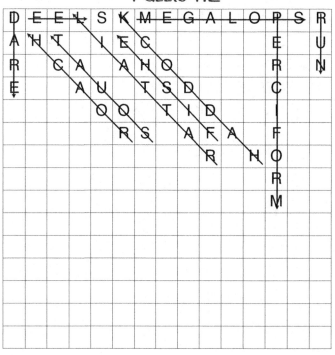

Puzzle #3

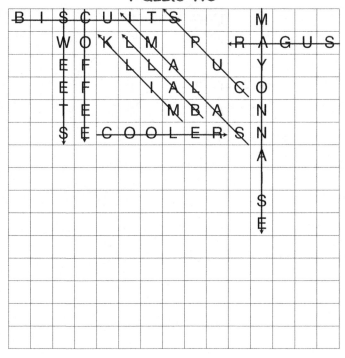

Puzzle #4

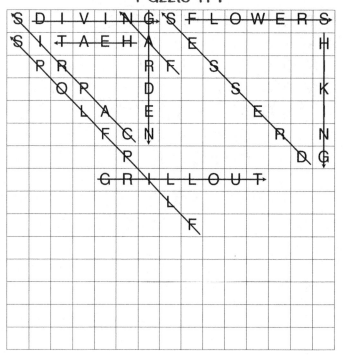

171

Word Search

Solutions

Puzzle #5

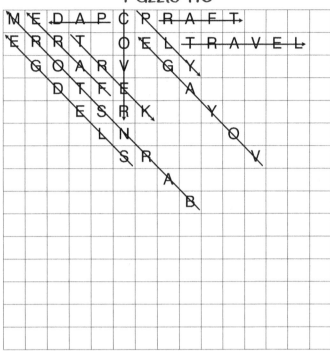

Puzzle #6

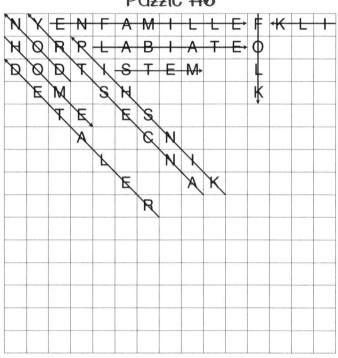

Puzzle #7

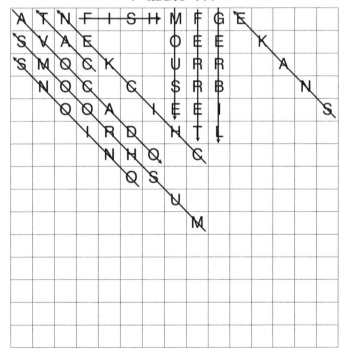

Puzzle #8

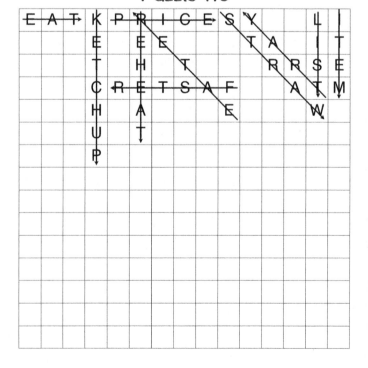

172

Word Search

Puzzle #9

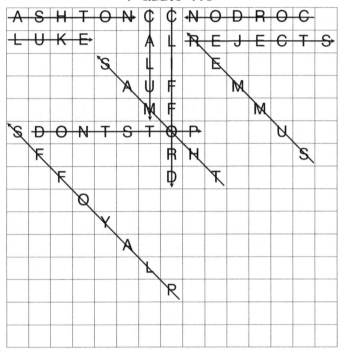

Puzzle #10

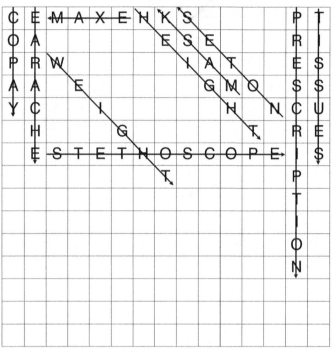

Puzzle #11

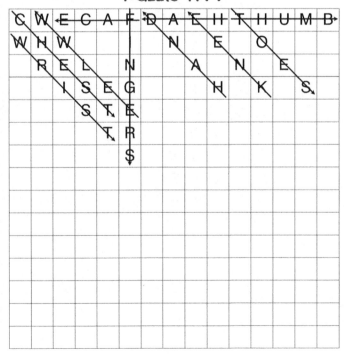

Puzzle #12

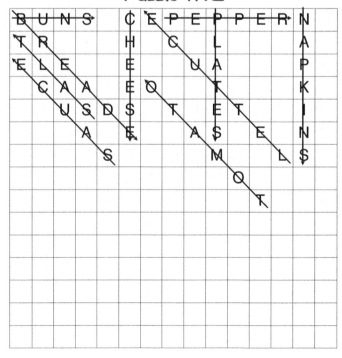

173

Word Search

Solutions

Puzzle #13

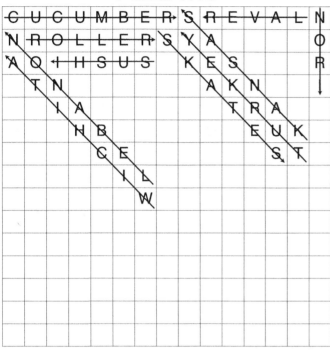

Puzzle #14

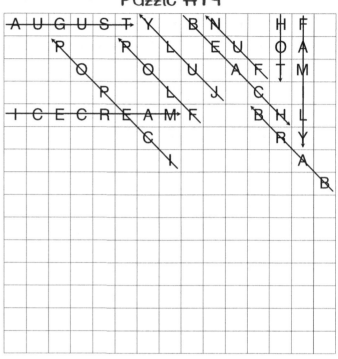

Puzzle #15

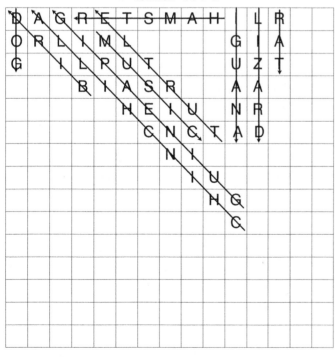

Puzzle #16

174

Word Search

Puzzle #17

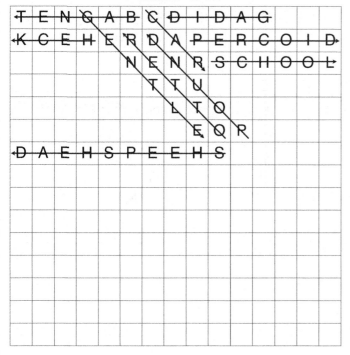

Puzzle #18

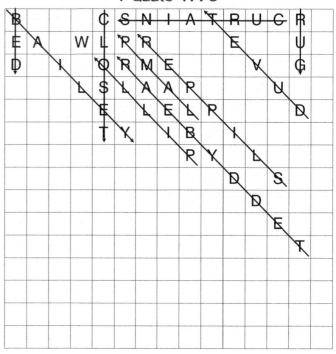

Puzzle #19

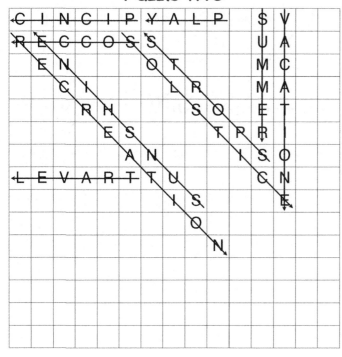

Puzzle #20

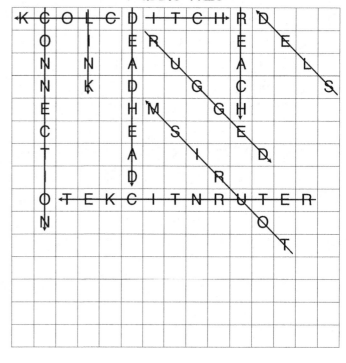

Word Search

Solutions

Puzzle #21

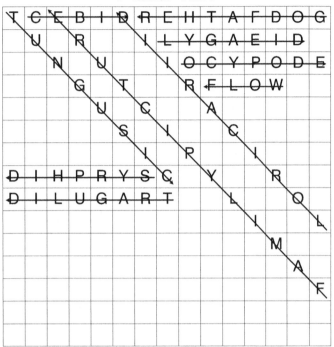

Puzzle #22

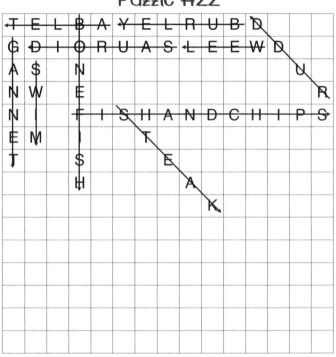

Puzzle #23

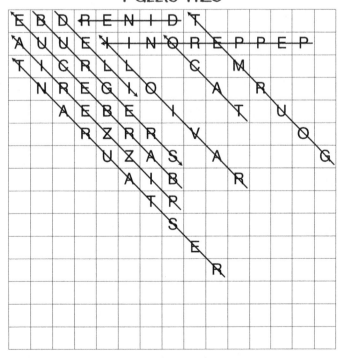

Puzzle #24

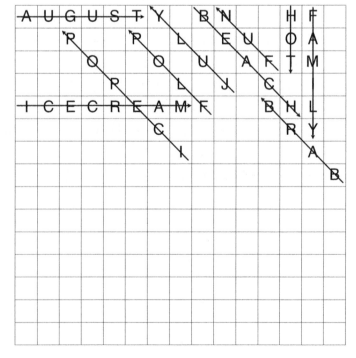

Solutions

Puzzle #25

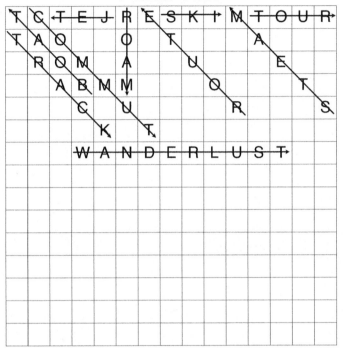

Puzzle #26

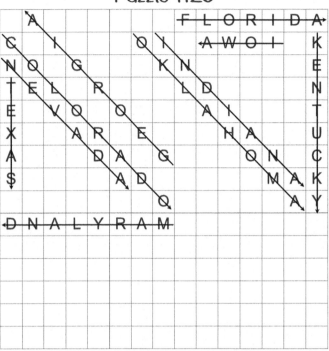

Puzzle #27

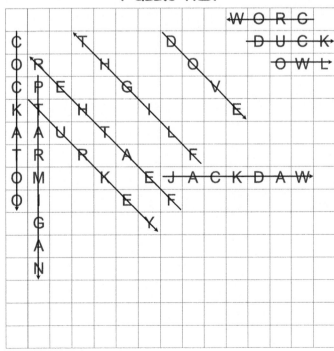

Made in the USA
Monee, IL
21 March 2022

93296547R10098